Onno Klopp

Offener Brief an den Herrn Prof. Häusser in Heidelberg,

betreffend die Ansichten über den König Friedrich II. von Preussen

Onno Klopp

Offener Brief an den Herrn Prof. Häusser in Heidelberg,
betreffend die Ansichten über den König Friedrich II. von Preussen

ISBN/EAN: 9783743633391

Hergestellt in Europa, USA, Kanada, Australien, Japan

Cover: Foto ©ninafisch / pixelio.de

Weitere Bücher finden Sie auf **www.hansebooks.com**

Offener Brief

an den Herrn Professor Häusser in Heidelberg,

betreffend die Ansichten über den

König Friedrich II. von Preußen.

Von

Onno Klopp.

Hannover 1862.
Verlag und Druck von F. Klindworth.

Geehrter Herr!

Das Aprilheft der preußischen Jahrbücher, redigirt von Dr. Haym, brachte eine Besprechung meines Buches über Friedrich II. und die deutsche Nation. Ich wußte nicht, von wem dieselbe sei, bis ich neulich aus einem späteren Inhaltsverzeichnisse ersah, daß Sie, geehrter Herr, der Verfasser derselben sind. Dies hat mich veranlaßt, eine Erwiederung direct an Sie zu richten.

Ich muß Ihnen zunächst meine Anerkennung dafür aussprechen, daß Sie nicht ganz in der Weise der Anderen aus ihrer Partei gehandelt, die mein Buch besprochen haben. Nachdem nämlich meines Wissens zuerst Herr Julian Schmidt in der Zeitschrift Grenzboten, statt sich auf das Thatsächliche meines Buches einzulassen, gegen dasselbe in hohen Worten die Tradition wieder vorgebracht hat, die nach meiner dargelegten Ansicht, und wie ich glaube, auch nach den klaren Thatsachen vor der Wahrheit nicht bestehen kann, sind ihm auf diesem Wege verschiedene Andere gefolgt, und haben die mangelnden Gründe durch die Kraft der Worte gegen mich zu ersetzen gesucht. Sie dagegen, geehrter Herr, stellen Sich, um mit Ihren eigenen Worten (S. 319 des betr. Heftes) zu reden, die Aufgabe „den Verfasser des Buches bei seiner Arbeit eingehend zu begleiten, und damit die Frage zu beantworten, ob derselbe ein Recht hat, die bisherige populäre Vorstellung von Friedrich als eine trügerische zu bezeichnen." Indem ich die Worte des Herrn Julian Schmidt und der Anderen füglich völlig unberücksichtigt lassen kann, werde ich Ihnen, geehrter Herr, in dem Folgenden meine Ansicht darthun, ob und in wie weit Sie die Aufgabe gelöst, welche Sie selber Sich gesteckt haben.

Zuerst nun hätte ich gewünscht, daß Sie Ihrem Vorsatze getreu Sich lediglich an die Sache gehalten, daß Sie lediglich geprüft hätten, ob die von mir gebrachten Thatsachen nach Ihrem Dafürhalten und nach Ihrem Wissen der Wahrheit entsprächen. Sie haben dies leider nicht ganz gethan. Obwohl Sie in meinem Buche nicht ein Wort gefunden, wenigstens nicht ein solches erwähnt haben, welches abwiche von der Ruhe und dem Ernste einer wissenschaftlichen Untersuchung, nennen Sie mein Buch mehrmals ein Pamphlet, oder stellen auch mich persönlich unter einen Pamphletisten (S. 334 Ihres Aufsatzes). Sie nennen ferner meine Schrift „höchstens ein mittelmäßiges Libell" (S. 340). Sie sagen, daß mein Buch auch eine deutsche Geduld erschöpfe (S. 337). Sie sagen: „Ein Pamphlet wie dasjenige von Macaulay läßt sich wenigstens lesen; denn es ist mit Geist und Malice geschrieben; aber diese geistlose Medisance, die mit der Prätension auftritt, neue Entdeckungen zu bieten, und die nur an einzelnen Stellen durch den Erguß von Plattheit und Trivialität dem Leser eine Pause der Erheiterung bereitet, eine so lederne Mishandlung der Geschichte, die fünfhundert Seiten lang den Leser mit Nergeleien und langweiligen Expectorationen füttert, um zu zeigen, daß der große Friedrich ein kleiner war — das überschreitet die Grenzen des Erlaubten." Sie nennen mich in der Überschrift Ihres Aufsatzes einen Ankläger, am Schlusse desselben vergleichen Sie mich einem Henker.

Ich kann mir sehr wohl vorstellen, geehrter Herr, daß mein Buch Ihnen vielen Kummer gemacht hat. Ich habe es auch nicht zu dem Zwecke geschrieben, daß Sie und Ihre ganze Partei eine Freude daran haben sollten. Deshalb setzen mich Ihre Herzensergüsse nicht in Erstaunen. Ich war vielmehr darauf gefaßt. Ich erwartete solche Worte zu hören, nur freilich nicht in einer wissenschaftlichen Erörterung. Denn Sie werden mir beistimmen, wenn ich Ihnen erwiedere, daß solche Worte, so erfreulich dieselben einem gewissen Theile Ihrer Partei ins Ohr klingen mögen, eine Beweiskraft gegen mein Buch doch wohl nicht enthalten dürften.

Sie bezeichnen ferner mein Buch wiederholt als eine Tendenzschrift. Was für eine Tendenz das sei, geben Sie nicht näher an. Sie scheinen (nach S. 318 des Heftes der Jahrbücher) dieselbe aus einigen meiner Schlußworte zu folgern. Sie führen von denselben diese an: „Nur im engen, festen Bunde mit Oestreich, in der bereitwilligen Mithülfe zum Schutze desselben gegen jeden Angriff kann auch Preußen bestehen." Aus diesen Worten folgern Sie meine Tendenz. Allein der größeren Klarheit wegen dürfte es förderlich sein, nicht bloß aus einer Reihe von Sätzen einen zu nehmen, sondern den ganzen Schlußabsatz zu wiederholen, von welchem jene Worte ein Theil sind. (S. 502 meines Buches).

„Wir berichten nur, was geschehen ist."

„Allein mit innerer Nothwendigkeit ringt sich aus der Brust des Deutschen, der seine Heimath, sein Vaterland, seine Sprache und Sitte geschützt sehen möchte gegen alles, was von Osten oder Westen kommt, der Wunsch empor, daß dieser Dualismus der Macht versöhnt werden möge durch die Einheit des gemeinsamen Strebens zum Schutze aller Interessen der deutschen Nation. Friedrich II. hat seinen Nachfolgern die Mahnung hinterlassen, daß der Staat, den er gegründet, nicht sicher ruhe auf sich selber, daß derselbe des Anschlusses bedürfe an eine wirkliche Großmacht. Diesem Gedanken gemäß hat er gehandelt. Die politische Lage seit ihm hat sich nicht in dem Maße wesentlich geändert, daß seine Mahnung nicht auch heute noch ihren Werth behielte. Preußen ist mit aller Vergrößerung, die es seit Friedrich II. erlangt, je einer der wirklichen Großmächte an materiellen Mitteln und Kräften nur halb gewachsen. Es bedarf, nicht in einem einzelnen, sondern in jedem Falle eines engen Bündnisses mit einer anderen Großmacht. Friedrich II., der von einer deutschen Nation nichts wissen wollte, suchte dies Bündnis bei den Fremden. Eine andere Zeit ist seitdem gekommen. Die Erinnerung seines Unrechtes ist zurückgetreten. Das Recht der Unantastbarkeit der deutschen Nation ist mächtiger als je. Dieses zugleich und die Pflicht der Selbsterhaltung weisen die Nachfolger Friedrichs II. hin auf die andere deutsche Großmacht. Nur im engen, festen Bunde mit derselben, in der bereitwilligen Mithülfe zum Schutze derselben gegen jeden Feind und jeden Angriff kann auch Preußen bestehen. Jeder Schlag, der Oestreich trifft, ist mittelbar ein Schlag für Preußen und für die gesammte deutsche Nation."

Zu der Tendenz dieser Worte bekenne ich mich allerdings ganz und vollaus, heute wie damals, als ich vor nun zwei Jahren jene Zeilen niederschrieb. Und ich mache ferner auch gar kein Hehl daraus, daß diese Worte eine ganz bestimmte Tendenz enthalten gegen Sie und Ihre ganze Partei. Weil die Geschichte mir zeigt — ich denke zunächst an die Geschichte der Jahre 1795 bis 1806 — daß durch das Beiseitestehen Preußens zur Zeit der Gefahr für Oestreich erst dieses unterlegen, und in Folge dessen das vereinzelte Preußen um so sicherer seinem Geschicke anheimgefallen ist; weil diese Erfahrung vor Augen liegt: so spreche ich in dem Wunsche, daß sie nicht wiederkehren möge, das nach meiner Ansicht unter den jetzigen Umständen allein mögliche Heilmittel aus. Sie aber und Ihre Partei, die in ihren vielfachen Organen täglich die Kluft zwischen Oestreich und Preußen weiterzureißen sucht, arbeiten nicht der Absicht nach — es sei ferne von mir das zu sagen — aber dem Erfolge nach für die Fremden.

Sie dürfen also immerhin das als meine Tendenz überhaupt ansehen: die Hinweisung auf die Nothwendigkeit der Einigung aller deutschen Kräfte zur Abwehr jedes Feindes. Die hauptsächliche Tendenz meines Buches indessen ist das nicht. Mein Buch ist ein geschichtliches. Es bezweckt, den König Friedrich II. zu schildern, wie er wirklich war, wie sein Streben sich verhielt zu den Interessen der deutschen Nation. Das ist der Hauptzweck. Eine Tendenz anderer Art hat mein Buch nicht, und Sie haben eine solche auch nicht dargelegt. Sie sagen allerdings (S. 321), daß ich begönne „in der Tonart der Gfrörer und Hurter." Was Sie damit sagen wollen, haben Sie nicht näher bezeichnet. Wenn die Worte eine Anspielung auf den kirchlichen Standpunkt der gedachten beiden Herren enthalten sollen: so muß ich Ihnen entgegnen, daß das eine Sache ist, über die wohl weder Ihnen noch mir ein Urtheil zusteht, sondern welche jene beiden Männer lediglich mit ihrem eigenen Gewissen abzumachen hatten und haben. Was die wissenschaftlichen Leistungen der beiden Herren betrifft: so muß ich Ihnen erwiedern, daß bis jetzt weder von Ihnen, noch von einem Anderen der Beweis erbracht sei, daß jene Herren nicht gewissenhafte Männer sind, hochverdient um die Ehre deutscher Wissenschaft. Am Schlusse sagen Sie weiter, daß ich den Herrn Hurter als Autorität vielbelobt habe. Sie haben den Beweis dafür zu bringen unterlassen. Ich habe auch wohl mehr als einmal in meinen Arbeiten mich auf Sie bezogen, wo ich nämlich glaubte, daß Sie über einen Gegenstand besser unterrichtet seien, als ich. Allein Autorität sind Sie mir darum nicht weiter, als für den einen Fall. — Überhaupt aber weiß ich nicht, zu welchem Zwecke Sie in der Besprechung meines Buches beiläufig her jene beiden Männer anführen, die doch mit meinem Buche auch nicht in der entferntesten Beziehung stehen.

Es tritt dann zunächst die prinzipielle Verschiedenheit der Anschauung über die Person Friedrichs II. hervor. Sie, mein Herr, nennen Friedrich II. den Großen, und ich thue das nicht. Es kommt auf den Maßstab an, nach welchem man die Größe bemißt. Ich will Ihnen den meinigen, obwohl er klar genug in meinem Buche vorliegt, noch an einem Beispiele näher entwickeln. Ich nenne Karl, den ersten Kaiser dieses Namens, unbedenklich einen großen Mann, auch selbst ohne seine vielen sittlichen Schwächen zu verkennen. Warum? Karl lebte für eine große Idee, und was mehr ist, für eine große sittliche Idee, für die Christianisirung der germanischen Völker, für die Gründung einer germanischen Cultur auf christlicher Grundlage. Er ward als Träger dieser Idee weltbewegend für die Jahrhunderte, ein Markstein in der Geschichte der Menschheit, Segen bringend für die spätesten Geschlechter. Ich nenne den König Friedrich II. von Preußen nicht einen großen Mann. Ich unterlasse dies nicht deshalb, weil ich ihm hervorragende geistige Eigenschaften abspreche. Ich habe dieselben, wenn es anders bei Dingen, die sich von selbst verstehen, eines ausdrücklichen Zeugnisses bedarf, an verschiedenen Stellen meines Buches anerkannt. Ich sage z. B. bei Gelegenheit des siebenjährigen Krieges

(S. 241 meines Buches): „Es gebührt ihm die Anerkennung, daß er mit erstaunlichem Geschicke und fester Standhaftigkeit sich durch denselben hindurchgesteuert hat." Ferner S. 250: „Es ist uns begreiflich, wie Friedrich durch seine Standhaftigkeit bei seinen Anhängern auch da Bewunderung hat erregen können, wo wir moralisch und patriotisch ihn hart anklagen müssen." Ich werde weiter unten bei der Besprechung des Krieges und sonst zur Antwort auf besondere Vorwürfe von Ihrer Seite noch mehr Einzelnes anführen. Ich hebe hier nur noch zur Beurtheilung des Ganzen hervor (S. 273): „Auch bei voller Anerkennung des militärischen Geschickes, welches vor allen Anderen der König selbst, sein Bruder Heinrich und der Prinz Ferdinand von Braunschweig entwickelten, erscheint es dennoch fast wunderbar, daß Friedrich II. so durch die Klippen und Wirbel dieses Krieges habe hindurchsteuern können." Sie werden mir erwiedern, daß die Anklagen gegen den König viel breiter ausgesponnen sind, als derartige Anerkennungen. Ich leugne das nicht. Die Natur der Sache brachte das mit sich. Diese Anerkennungen und Lobeserhebungen der Thätigkeit des Königs sind feste Positionen, die Niemand bestreiten wird, die aber doch gesagt werden mußten, damit nicht durch das Verschweigen dessen, was sich eigentlich von selbst versteht, bei Ihnen und Ihrer Partei sich der Gedanke erheben könnte: man wolle dem Könige auch das nicht lassen, was ihm gebührt. Erwägen Sie ferner, wie inhaltsreich derartige Anerkennungen sind, die sich nicht auf eine einzelne That beziehen, sondern auf eine lange Kette von Begebenheiten sich über Jahre erstrecken. Mit den Anklagen dagegen stand die Sache anders. Weil dieselben in dieser Art und solcher Zahl meines Wissens vom national-deutschen Standpunkte noch nicht erhoben sind: so war es meine Pflicht, auch nicht ein Wort zu sagen, das nicht sofort auch gründlich und nachdrücklich bewiesen wurde.

Fasse ich mithin die Sache zusammen: so habe ich niemals in Frage gestellt, vielmehr ausdrücklich hervorgehoben, daß Friedrich II. ein Mann war, begabt mit ausgezeichneten Feldherrngaben, mit Ausdauer und Standhaftigkeit, mit einer staunenswerthen Arbeitskraft.

Allein darum nenne ich für meine Person — Sie, geehrter Herr, können es ja halten, wie Sie wollen — den König Friedrich II. doch nicht groß, und zwar darum nicht, weil zu dem Anrechte auf diesen Namen bei Friedrich II. jede höhere Idee fehlt, die uns versöhnen könnte mit dem Unrechte, welches er beging.

Der Angriff Friedrichs auf Schlesien, der unternommen ward gegen den Willen aller Betheiligten, der, um eines populären Ausdruckes mich zu bedienen, vom Zaune gebrochen wurde, war ein reiner Raubkrieg.

Sie haben, geehrter Herr, weder eines Zeugnisses erwähnt, noch vermuthlich auch ein solches gesehen, welches darthäte, daß auch nur einer der damaligen Unterthanen des Königs Friedrich II. mit diesem Friedensbruche aus sich selber einverstanden war. Friedrich befragte nur zwei Männer, und diese beiden riethen ab. In Wien ahnte man nicht die Möglichkeit eines solchen Überfalles. Man mistraute den Berichten des Gesandten auch da noch, als Friedrich schon marschfertig war. Mithin war dort von dem Bewußtsein einer Schuld gegen Friedrich auch nicht die leiseste Spur. Man hielt die Sache schlechterdings für unmöglich.*) Allein was fragen wir weiter nach solchen Zeugnissen, da der König selbst sich über die Motive seines Krieges so klar gegen Jordan ausgesprochen. „Meine Jugend, das Feuer der Leidenschaften, Begierde nach Ruhm, selbst, um dir nichts zu verhehlen, die Neugierde, und endlich ein geheimer Instinkt haben mich der angenehmen Ruhe, der ich genoß, entrissen, und das Vergnügen, meinen Namen in den Zeitungen und künftig auch in der Geschichte zu wissen, hat mich verführt."

Ich wiederhole Ihnen diese Worte, geehrter Herr, um darzuthun daß dieser wichtigste Schritt der Regierung des Königs Friedrich, der Schritt, der fortan der Natur der Sache nach bestimmend ward für seine ganze Lebensrichtung, in der Weise bestimmend, daß alles Folgende daran hangt, wie die Glieder einer Kette, mit jeder höheren sittlichen Idee in scharfem, in schneidendem Widerspruche steht. Ist denn das Menschengeschlecht nichts Besseres werth, als zum Werkzeuge der Befriedigung solcher Launen des Einzelnen zu dienen, der um dieser Launen willen über sie die Schleusen des grauenvollsten aller Zustände, des Krieges, eröffnet? Nennen Sie immerhin das Streben eines solchen Mannes groß: ich von meinem Standpunkte aus vermag es nicht. Der Fortgang entsprach dem Beginne. Wie Friedrich den ersten schlesischen Krieg aus jenen Motiven unternahm, die er selber angiebt: so unternahm er den zweiten Krieg, damit, wie er selber sagt,**) Oestreich die deutschen Länder Elsaß und Lothringen nicht wiedererlange, damit er dagegen für sich Böhmen oder einen Theil desselben erwerbe. Es ist dieselbe Gesinnung, aus welcher Friedrich bei seinem ersten Auszuge nach Schlesien dem französischen Gesandten die Worte zurief: Je vais je crois jouer votre jeu. Si les as me viennent, nous partagerons. Friedrich wollte mit den Franzosen theilen. Was er auch theilen wollte: es ist nicht völlig so gekommen; aber wahr-

---

*) Friedrichs eigene Worte. Oeuv. III. 34.
**) Oeuvres III. 34. 82.

lich, es ist nicht Friedrichs Verdienst, daß es nicht so gekommen ist! — Friedrich II. hegte diesen Wunsch, daß es so kommen möge. Er hegte ihn nicht bloß im Drange des Augenblicks. Er sprach sich lange Zeit nachher in ruhiger Erwägung der Lage von 1740 darüber aus. „Es ist sehr wahrscheinlich", sagt er,*) „daß eine französische Armee, welche damals gleich im Beginne nach Deutschland geschickt wäre, den König Ludwig XV. zum Schiedsrichter der streitenden Fürsten gemacht und sie genöthigt hätte, sich über die östreichische Erbschaft freundlich nach seinem Willen zu vertragen. Es ist sicher, daß Frankreich nach der Rolle, die es beim westfälischen Frieden gespielt hat, nicht eine schönere und größere spielen konnte. Aber darf man Ludwig XV. anklagen, weil das Unglück und eine Kette von Ereignissen diesen Planen nicht günstig waren?" Also Friedrich II.

Daß ähnliche Gesinnungen wiederum bei dem Beginne des siebenjährigen Krieges obwalteten, werde ich Ihnen, zugleich zur Antwort auf Ihre Einwendungen dort, nachher noch einmal wieder vorführen. Daß ferner Friedrichs Walten im Frieden von Anfang bis Ende nur berechnet war auf den Krieg, nur dahin strebte, auf jede Weise wieder die Mittel zum Kriege zu beschaffen, nach dem Spruche: die Ameisen sammeln im Sommer, wovon sie im Winter zehren: das, geehrter Herr, ist einer der Grundgedanken und Beweise meines Buches, eines Gedankens, den Sie allerdings nicht beachtet haben. Und dies ganze Verhalten, alles Elend, das darum über seine Unterthanen kam, ward bedingt durch den ersten Friedensbruch des Jahres 1740.

Ich glaube, mein Herr, auch Sie müßten damit einverstanden sein, daß bei diesem Angriffe auf Schlesien, nach den Motiven, die der König selbst von sich aussagt, bei diesem Angelpunkte des Charakters seines Lebens und Waltens, jede höhere sittliche Idee fehlt und nichts hervortritt, als der vollendete Egoismus, der in den verschiedenen Farben der Gier nach sogenanntem Ruhme und nach fremdem Besitzthume schillert. So lange aber, bis Sie beweisen, daß diese Gier nach fremdem Besitze etwas Großes ist, werde ich für meinen Theil, so gleichgültig auch Ihnen das sein möge, dem Könige Friedrich II. bei aller Anerkennung der eminenten Eigenschaften seines Verstandes den Namen eines großen Mannes versagen.

Ich sehe indessen, daß auch Sie mit dieser Thatsache der Eroberungsgier Friedrichs II. Sich nicht befriedigt fühlen. Auch Sie hätten doch gern, ungeachtet seiner eigenen Worte an Jordan, einige höhere Motive für ihn. Sie sehen Sich nach solchen um. Sie schildern die Lage der

---

*) Oeuv. IX. p. 145.

Dinge im Reiche vor Friedrich und benutzen die günstige Gelegenheit, um nach der üblichen Weise Ihrer Partei auch noch das heutige Oestreich ein wenig anzuklagen. Das geht natürlich meine Sache gegen Sie nicht an, und ich habe also nicht darauf einzugehen. Indessen kann ich eine beiläufige Bemerkung doch nicht unterdrücken. Es ist nämlich ganz merkwürdig, wie doch dies böse Oestreich es Niemandem recht machen kann. Die Ungarn und andere Völker des weiten Kaiserreiches beklagen sich bekanntlich über die Germanisirungsgelüste, nicht bloß früher des Kaisers Josef II., in neuerer Zeit der Minister Schwarzenberg und Bach, sondern sie gehen mit ihren Klagen auch noch weiter. Sie dagegen rufen aus (S. 321 des Heftes der preuß. Jahrbücher): „der so viel gerühmte Beruf, deutsche Cultur nach Osten zu tragen, ist schmachvoll verscherzt, vielmehr in drei Jahrhunderten so gut wie nichts geleistet worden, um über slavische und magyarische Elemente dem Deutschthume die Superiorität zu gewinnen, die ihm gebührt." Ich zweifele gar nicht daran, geehrter Herr, daß, wenn Sie und Ihre Partei Oestreich zu regieren hätten, Ungarn in wenigen Monaten zwar nicht germanisirt sein, aber in lichterlohen Flammen des Aufstandes stehen würde.

Allein kehren wir zurück von dieser Abschweifung. Sie sagen: „Aus der Lage der Dinge entsprang nicht nur die Berechtigung, sondern die Nothwendigkeit eines Staates wie Preußen. Das Bedürfnis, das in dem Leben der Nation unbefriedigt war, mußte ausgefüllt werden. In der kraftlosen Anarchie des Reiches mußten, wenn die Nation nicht zu Grunde gehen sollte, festere Staatsbildungen entstehen, getragen vom Landesfürstenthume und dem Protestantismus."

Sie wenden hier, mein Herr, mit großem Nachdrucke den Begriff der Nothwendigkeit an. Ich weiß nicht, ob jemals einem menschlichen Auge sich der Zusammenhang der Dinge in seiner Nothwendigkeit erschlossen hat: nach meinem Dafürhalten gebührt eine Einsicht solcher Art dem blöden Blicke des Menschen nicht. Die ungeheuren Verbrechen und Frevel in der Weltgeschichte sind begangen, sie sind Thatsachen. Inwiefern sie nothwendig waren, das, wiederhole ich, übersieht ein sterbliches Auge nicht. Unser Wissen ist Stückwerk. Allein wir haben unser sittliches Urtheil. Und das eben ist das hohe Vorrecht der Wissenschaft der Geschichte vor dem Urtheile der großen Menge, daß jene sich nicht blenden läßt, oder doch sich nicht blenden lassen sollte von dem Erfolge. Des Liedes Stimmen schweigen von dem überwundnen Mann, sagt der Dichter. Es ist leider wahr. Aber die Wissenschaft soll den Sieger darum, weil er gesiegt hat, nicht lossprechen von der sittlichen Schuld: sie hat vielmehr das hohe

Recht der Untersuchung und gerechten Abwägung: sie hat das Recht und die Pflicht, in die Schranken zu treten für den Überwundenen und es offen auszusprechen, wenn sie das bessere Recht auf der Seite des Überwundenen findet. Für die Wissenschaft der Geschichte verbürgt der Erfolg nicht die Rechtmäßigkeit oder Nothwendigkeit des Thuns.

Das, mein Herr, ist meine Ansicht, die vielleicht von der Ihrigen abweicht. Allein dies ist eine allgemeine Erwiederung: ich habe auch auf Ihre besondere Fassung des Begriffes der geschichtlichen Nothwendigkeit etwas zu entgegnen.

Sie ziehen auch den Protestantismus heran. Sie beweisen nicht, geehrter Herr, das Recht, welches Sie haben oder zu haben glauben, eine positive Kirchenform — denn ohne diese ist das Wort Protestantismus nur ein Wort, ein unfaßbarer Schemen ohne Inhalt und Kern — verantwortlich zu machen für das Unrecht eines einzelnen Mannes, der persönlich mit dieser positiven Kirchenform in eben so schneidigem Widerspruche stand, wie mit jeder anderen. Oder verstehen Sie unter Protestantismus etwas Anderes? Meinen Sie damit den weitschichtigen Begriff — wenn anders dieses Wort gestattet ist — unserer Tage, der seit Friedrich II. alles umfaßt, was sich überhaupt nur negirend gegen jegliche positive Kirchenform überhaupt verhält? Es wäre zu wünschen gewesen, daß Sie Sich bestimmter darüber ausgesprochen hätten.

Sie sprechen ferner über den Zustand des deutschen Reiches vor Friedrich II. Sie wenden namentlich diese Ihre Besprechung gegen mich. Sie sagen (S. 319): „Vor Allem können wir die Ansichten nicht richtig finden, die Herrn Klopp bei der Beurtheilung des alten Reiches geleitet haben: wir finden darin mehr subjective Voraussetzungen, als thatsächliche Wahrheiten." Sie führen dies weiter aus, daß ich die Zustände des alten Reiches viel zu licht zeichne.

Ich gestehe, daß mich dies sehr überrascht hat. Ich habe in einer längeren Auseinandersetzung (bis Seite 8 meines Buches) die Zustände des Reiches als elend und kümmerlich geschildert. Ich habe dann hinzugefügt, daß „auch in dieser elenden Gestalt des Reiches noch manche Bande übrig blieben, welche die Nation — wenn anders von einer solchen noch geredet werden durfte — erinnerten an die alte Gemeinsamkeit und Einheit." Ich habe die einzelnen Formen dieser Bande aufgezählt: der Kaiser war noch die Quelle aller Gerichtsbarkeit. Sonntäglich betete man in allen Kirchen für den Kaiser als die höchste Obrigkeit. In den Nationalkriegen gegen Türken und Franzosen folgten die deutschen Heere dem Rufe des Kaisers, leisteten ihm den Eid der Treue und kämpften, so mangel=

haft ihre Heeresverfassung war, brüderlich neben einander. Das lebendige Gefühl der Zusammengehörigkeit fehlte; aber die Blutsaat des Hasses zwischen den einzelnen deutschen Stämmen war noch nicht ausgesäet.

Sind das subjective Voraussetzungen? Wenn dieselben Ihnen als solche erschienen sind: so hätten Sie doch wohl, indem Sie öffentlich dieselben so nennen, sie als $\pi\rho\tilde{\omega}\tau o\nu\ \psi\varepsilon\tilde{v}\delta o\varsigma$ meines Buches bezeichnen, wenigstens für eine derselben den Beweis des Rechtes zu Ihrer Behauptung antreten mögen. Sie haben das nicht gethan.

Sie sagen weiter, daß ich „mit sehr greifbaren Mitteln die Reichsverfassung und das habsburgische Haus idealisire", um den rechten Hintergrund zu finden für das abschreckende Bild des preußischen Staates und seiner Regenten, das ich entwerfen wolle.

Ich verneine jedes dieser Worte. Was ich sage, ist der Thatbestand, dessen Unrichtigkeit Sie nicht erwiesen haben. Ich idealisire weder die Reichsverfassung, noch das habsburgische Haus: ich sage nur von der Kaiserwürde, was unbestreitbar und von Ihnen nicht widerlegt ist. Ich habe nicht gesucht, ein abschreckendes Bild des preußischen Staates und seiner Regenten zu entwerfen. Weder den preußischen Staat greife ich an, noch habe ich von einem der Regenten desselben ein Wort gesagt, welches Sie als unbegründet nachgewiesen hätten.

Überhaupt, geehrter Herr, glaube ich kaum, daß Ihnen eine besondere Erwiederung meinerseits unerwartet kommen werde. Es ist diese. Sie machen mir den Vorwurf, daß ich ein Zerrbild von Friedrich II. u. s. w. zeichne; allein ich muß Ihnen entgegnen und werde es fernerhin augenscheinlich darthun, daß Ihre Besprechung meines Buches ein Zerrbild desselben zeichnet.

Kommen wir zu Friedrich II. selbst. Sie haben viel an meiner Schilderung der Persönlichkeit des Königs auszusetzen, so ziemlich wohl alles. Sie sagen (S. 319), daß ich ausschließlich die düsteren Schatten hervorhebe, ferner (S. 327): einen Reiz habe für mich nur dasjenige, was zur Herabsetzung Friedrichs ausgebeutet werden könne.

Ich hätte diesen Vorwurf, geehrter Herr, aus Ihrer Partei am wenigsten von Ihnen erwartet. Sie haben in ähnlicher Weise, wie Sie gegen mich schreiben, auch früher einmal den Versuch einer Widerlegung der Schrift des Engländers Macaulay über Friedrich II. gemacht.*) Sie haben darin gerügt, daß Macaulay die Händel Friedrichs II. mit Voltaire verhältnismäßig allzusehr in behäbiger Breite ausmale.**) Nach meiner

---

*) Historische Zeitschrift von Sybel, Heft 1.
**) a. a. O. S. 88.

Ansicht war diese Rüge von Ihrer Seite gegen Macaulay berechtigt. Ich darf danach auch annehmen, daß Ihnen nicht unbekannt sein werde, was alles von beiden Philosophen, wie sie sich nannten, gegen einander gesprochen und geschrieben ist. Sie werden namentlich die vie privée kennen, die Voltaire über den König geschrieben. Sie werden wissen, daß in derselben zu Ungunsten des Königs Züge von ihm berichtet werden, die, wenn sie wahr sind, ihn sehr tief erniedrigen, kurzum einen Sumpf voll Schmutz andeuten. Sie werden ferner mir beistimmen, daß, wenn Jemand die Absicht hat, den Menschen Friedrich an den Pranger zu stellen, er in diesem Verhältnisse der beiden Philosophen, und namentlich in der vie privée zur Genüge finden würde, was er suchte. Sie werden ferner wissen, daß nicht bloß Voltaire so etwas gesagt hat, sondern auch Büsching und Andere, denen kaum die Absicht beiwohnen konnte, muthwillig etwas Böses gegen den König Friedrich II. auszusagen. Sie werden ferner wissen, daß Herr Preuß, dessen Worte ich überhaupt zu vergleichen bitte*), es für seine Pflicht hält, die angedeuteten Dinge zu erörtern, aber nicht wagt, entschieden eine Meinung auszusprechen. Ich will nicht näher auf die Sache eingehen, und daß ich sie hier überhaupt zur Sprache bringe, geschieht nicht aus freien Stücken, sondern weil Sie mich dazu drängen. Denn wenn ich den König Friedrich um jeden Preis schlecht zu machen gesucht hätte, wie Sie behaupten: so wäre mir dort wohl willkommener Stoff in Fülle geboten. Ich habe denselben eines Wortes nicht gewürdigt. Er diente mir nicht. Es war meine Absicht, das Verhältnis Friedrichs II. zu der deutschen Nation, und was mit diesem Verhältnisse in Wechselwirkung steht, nach sicheren, unzweifelhaften Nachrichten darzustellen. Etwaige geheime Verbrechen der Person gegen die göttliche und menschliche Ordnung stehen damit nicht in Beziehung. Darum möge ihren Grund oder Ungrund erörtern, wer da will: ich habe es nicht gethan.

Weil ich ferner erkannte, daß die Denkwürdigkeiten der Markgräfin von Baireuth eine trübe Quelle sind, weil ich selber diese Dame der Unwahrheit zum Nachtheile ihres Bruders geziehen und überwiesen habe (S. 96 meines Buches): so durfte ich auch auf diese Denkwürdigkeiten kein Gewicht legen. Deshalb verzichtete ich darauf, mich derselben zu bedienen, und habe zum Überflusse dies auch ausdrücklich gesagt (S. 34 meines Buches).

Nach dieser Erinnerung darf ich annehmen, daß Sie selbst einsehen werden, wie unbegründet Ihre Anklage gegen mich ist, daß mir nur das-

---

*) Preuß: Friedrich der Große. I. S. 163 f.

jenige diene, was zur Herabwürdigung Friedrichs II. auszubeuten sei. Ich bemerke dies hier im Allgemeinen. Die weitere Besprechung wird im Einzelnen mich noch mehrmals auf diese Ihre Anklage zurückführen.

Der Plan meines Werkes war nun dieser. Da es feststeht, daß Friedrich allein aus sich, ohne fremdes Zuthun, vielmehr gegen das Abrathen des Ministers und des Generales, die er befragte, seinen Eroberungskrieg gegen Oestreich begann: so mußte ich zuvor darthun, wie sich ein solcher Gedanke bei ihm entwickeln konnte. Ich mußte darlegen, wie der Lebensgang Friedrichs theils durch fremde, mehr jedoch durch eigene Schuld in ihm die Gefühle der Pietät erstickte.

Es thut mir leid, geehrter Herr, daß Sie auch hier wieder mich zwingen, ein so trübes Verhältnis wie dasjenige des Sohnes Friedrich zu dem Vater nochmals besprechen zu müssen. Ich habe mich in meinem Buche mit Andeutungen begnügt, wo ich hätte ausführlich sein können, und gegenüber Kritikern, wie Sie, auch vielleicht sollen. Denn daß Jemand diese meine Schilderung gehässiger finden könnte, als die Sache an sich selbst war, habe ich mir nicht gedacht. Sie, mein Herr, machen mir den Vorwurf eines recht blinden und befangenen Anklägers, und zwar dafür, daß ich sage: die Waffe des Schwachen gegen die Härte des Starken ist List, Verschlagenheit, Unwahrheit, Lüge. Ich glaubte, dies sei so selbstverständlich, so durch die Erfahrung aller Erziehung bewiesen, daß es eines besonderen Nachweises dafür kaum bedürfte. Dennoch beziehe ich mich nach diesen allgemeinen Worten in Betreff des Prinzen Friedrich auf einen besonderen Brief vom 11. September 1728, und sage (S. 35): „dieser Brief zeigt uns das unkindliche Verhältnis voll Trotz und Unwahrheit. Die Antwort des Vaters ist herb und scharf. Der Prinz sagt: Nach langem Nachdenken zeigt mir mein Gewissen nicht das Mindeste auf, was ich mir vorzuwerfen hätte. Der Vater erwiedert: du thust in nichts meinen Willen, als nur mit Zwang angehalten. Du bist eigensinnig und liebst Deinen Vater nicht."

Das, geehrter Herr, sind meine schärfsten Worte. Es sind ferner diejenigen, auf welche Sie die Anklage gegen mich erbauen. Hören wir nun die Ihrigen, die Sie nicht jetzt gegen mich, sondern vor zwei Jahren gegen Macaulay niedergeschrieben haben. Sie sagen dort*): „Aus der Correspondenz zwischen Vater und Sohn läßt sich das Zerwürfnis früh genug erkennen. Die Briefe des sechzehnjährigen Prinzen klingen gedrückt und eingeschüchtert; und schlimmer als dies, es fehlt ihnen die kindliche

---

*) Sybel, histor. Zeitschrift, Bd. I. S. 63.

Aufrichtigkeit. Seine Worte sprechen Reue und Gehorsam aus; aber es läßt sich wohl durchfühlen, daß diese Empfindungen nur unfreiwillige sind. Die Aeußerungen des Vaters sind interessant, weil sie, obwohl einseitig und befangen, doch das Wesen des Zwiespaltes berühren. Sein eigensinniger böser Kopf, das ist die erste Klage, womit Friedrich Wilhelm das scheinbar reuige Bekenntnis seines Sohnes erwiedert" u. s. w.

Sieht man diese Worte genauer an, so enthalten die Ihrigen, des Apologeten, ganz dieselben Dinge, welche die meinigen. Und dennoch sagen Sie jetzt gegen mich (S. 323 der preuß. Jahrbücher): „Aus den Briefen spricht zwar ein heftiges Zerwürfnis zwischen Vater und Sohn, leidenschaftlicher Groll des Einen und trotziger Widerstand des Andern; aber es wird durch sie auch nicht eine der Anklagen gerechtfertigt, womit Herr Klopp seinen Helden einführt. Indessen bei dem einmal vorgesetzten Zwecke kommt es ja auch nicht darauf an, Friedrich zu charakterisiren, sondern nur ihn herabzusetzen," u. s. w. in gleichem Tone fort.

Sie können sich wohl selber denken, geehrter Herr, wie es mich befremdete, diese Worte zu lesen und mit jenen anderen und überhaupt mit der Sachlage zu vergleichen.

Es handelt sich indessen nicht um einen einzigen Brief. Sie würden Ihrer Sache einen großen Dienst erweisen, wenn Sie auch nur einen einzigen Brief des Prinzen nachwiesen, in welchem der Sohn dem Vater gegenüber als wahr und aufrichtig erscheint.

Sie sagen dann weiter (S. 324), es sei eine unwahre Insinuation von mir, oder auch eine interessante Entdeckung (S. 332): daß der Argwohn des Regenten gegen den Nachfolger ein Erbübel des Hauses Hohenzollern sei. Zuerst bemerke ich, daß ich nicht das Präsens gebraucht habe, sondern das Imperfectum. Ich rede nicht von der Gegenwart: diese Veränderung meiner Worte fällt nur Ihnen zu. Meine Worte sind (S. 35 meines Buches f.): „der sittlich strenge Mann (Friedrich Wilhelm) steht mit Kummer und Zorn seinen Sohn die Bahn des Lasters betreten. Und dazu taucht in seinem zu Mißtrauen und Argwohn geneigten Gemüthe eine andere Furcht empor, eine Furcht, die als ein Erbübel seines Hauses erscheinen mußte." Ich habe dann die einzelnen Verhältnisse aufgezählt und wiederhole sie. Ein solches Zerwürfnis fand statt zwischen Georg Wilhelm und seinem Sohne Friedrich Wilhelm[*]). Es fand statt zwischen Friedrich Wilhelm und seinem Sohne Friedrich.[**]) Es fand statt zwischen Friedrich und seinem Sohne Friedrich Wilhelm[***]), dem Vater

---
[*]) Cosmar: Schwarzenberg S. 363.
[**]) Pauli: Allgem. Preuß. Staatsgeschichte VII. 6.
[***]) Förster: Friedrich Wilhelm I. 155.

Friedrichs II. Welche geringe Zuneigung dann wieder Friedrich II. für seinen Nachfolger fühlte, darf ich als Ihnen bekannt voraussetzen.

Sie sagen ferner (S. 324), geehrter Herr, daß es mir „namentlich um zwei Effekte zu thun sei: einmal anzudeuten, daß die Ursache des Conflictes nicht in dem tiefen Gegensatze beider Charaktere und ihrer Neigungen lag, sondern darin, daß Friedrich seinem Vater — nach dem Throne und vielleicht nach dem Leben strebte; dann daß das gegen ihn verhängte Todesurtheil einzig und allein durch die gütige Fürbitte des deutschen Kaisers Karl VI. unvollzogen geblieben ist." Ich habe darauf Folgendes zu erwiedern.

Den Gegensatz der Charaktere habe ich geschildert (S. 35). Ich habe dort nur kurz angedeutet, was wesentlich mitwirkte, daß nämlich die sittlichen Verirrungen des Prinzen den ernsten Vater mit Kummer und Zorn erfüllten. In Betreff der weiteren Vergehen des Prinzen lauten meine Worte (S. 36) so: „Warum ist Friedrich geflohen und was hat er gewollt? Es ist das eine Frage, für welche bis heute die Antwort nicht offen liegt. Friedrich schreibt aus seinem Arreste an seinen Vater, und bittet um Entledigung. Er versichert, daß alle seine gemachten Aussagen wahr seien. Er behauptet, daß, wo noch weiterer Verdacht gegen ihn sei, die Zeit die Nichtigkeit desselben erweisen werde. Er betheuert, daß er eine solche böse Intention, wie gemeint werde, nie gehabt habe. Welches war diese Intention, die man ihm zur Last legte? — Sie ist nicht zu erfahren. Friedrich selber hat als König sich die wichtigen Akten seines Prozesses geben lassen und sie versiegelt zurückgestellt. Dieses Siegel ist seitdem nicht gebrochen."*)

So sind meine Worte gemäß der Angabe von Herrn Preuß**), den ich für den kundigsten Kenner der Einzelheiten des Lebens von Friedrich II. halte. Herr Preuß fügt hinzu, daß er sich vergeblich bemüht habe, zur näheren Kenntnis dieser Aktenstücke zu gelangen. Was mithin dieselben enthalten, weiß höchst wahrscheinlich kein lebender Mensch. Nur jene Worte habe ich gesagt, weil sie die reine Thatsache enthalten. Die

---

*) Es dürfte nicht überflüssig sein zu bemerken, daß Herr Preuß auch für sein späteres Buch: Jugend und Thronbesteigung u. s. w., diese Akten nicht eingesehen hat. Er gebraucht S. 154 die naive Wendung: Friedrich „sendet die Akten — als Quelle der Geschichte ins Archiv zurück." Ferner bemerke ich, daß die neuerdings bekannt gemachten „Vollständigen Protokolle des Köpenicker Kriegsgerichtes" aus dem Schulenburgschen Archive darüber keine Aufklärung geben. Sie enthalten nur die verschiedenen Vota der Capitäne u. s. w. und dann das Gesammturtheil u. s. w.

**) Preuß: Friedrich der Große, Bd. I. S. 62.

Folgerung, die Sie aus dieser Thatsache ziehen, haben Sie selber zu verantworten, und nicht mir beizumessen.

Eine andere Frage ist diejenige des Todesurtheiles. Herr Preuß ist in der Regel so zuverlässig in seinen thatsächlichen Angaben, daß ich ohne Bedenken seine ersten Worte über das Todesurtheil*) für richtig angenommen habe. Nachdem Herr Preuß dort die einzelnen Mitglieder des Kriegsgerichtes aufgezählt, schließt er mit den Worten: „Nur die Generale Graf von Dönhoff und von Linger stimmten für Begnadigung, die Anderen alle für den Tod." Das andere, spätere Buch desselben Herrn Preuß: Jugend und Thronbesteigung Friedrichs, in welchem er im Widerspruche mit der früheren Nachricht sagt, daß das Kriegsgericht aller königlichen Befehle unerachtet über den Prinzen nicht gesprochen habe, war mir nicht bekannt geworden. Ich nehme mithin die irrige Ansicht zurück.

Wie dem auch sei, der König Friedrich Wilhelm hat das Urtheil über seinen Sohn gewollt. Was in der Seele des Vaters dabei vorgehen mochte, läßt sich nur vermuthen. Wir dürfen gern glauben, daß die bestimmte Weigerung des Kriegsgerichtes auf ihn eine nachdrückliche Wirkung geübt habe. Allein es kommt auf die Frage an, was nach der Ansicht des Königs Friedrich Wilhelm selbst für die Verzeihung entscheidend auf ihn wirkte. Er lehnte die Fürsprache aller anderen Mächte ab, nur nicht diejenige des Kaisers. Es kommt mir fast drollig vor, geehrter Herr, daß Sie mir das Verschweigen dieses Ablehnens sehr tadelnd vorrücken (S. 324 der preußischen Jahrbücher); denn dies Ablehnen aller anderen Verwendungen bis auf diejenige des Kaisers spricht doch nicht für Ihre Ansicht, sondern für die meinige. Nur die Fürbitte des Kaisers nahm Friedrich Wilhelm an.

Sie heben ferner hervor, wie ich nicht erwähne, daß der Gesandte Seckendorf das kaiserliche Fürbittschreiben erst überreichte, als der König sich bereits entschlossen hatte, gegen den Kronprinzen Gnade walten zu lassen. Diese Worte sind nach den Notizen von Seckendorf**) nicht unrichtig, und dennoch wieder entsprechen sie in dieser Fassung nicht dem Sachverhalte. Es steht nämlich in den Notizen von Seckendorf noch mehr als dies. Der Hergang ist folgender.

---

*) a. a. O. S. 47. Sie haben Sich die Mühe gegeben, geehrter Herr, auch mein Citat als irrig zu bezeichnen. Aber ich hatte, indem ich die Worte niederschrieb, die ganze Stelle bei Preuß im Sinne, und schrieb deshalb nicht, wie Sie bemerken S. 43, sondern S. 43 f. Mithin ist Ihre Bemerkung über Irrthum überflüssig. Es thut mir leid, auch solche Dinge erwähnen zu müssen, weil Sie es wollen.

**) Förster: Friedrich Wilhelm, Bd. III. S. 12.

Am 9. October 1730 gibt die Königin dem Gesandten Seckendorf zu verstehen, daß nur die Fürsprache des Kaisers den Kronprinzen retten könne.*) Seckendorf, dem es bekannt war, daß der König Friedrich Wilhelm der Republik Holland ihre Fürbitte für den Prinzen sehr übel genommen, wich aus mit den Worten: der Kaiser habe nicht eher Ursache, sich in innere Hausangelegenheiten zu mischen, bis der König ihm Mittheilungen darüber gemacht. Das Stillschweigen des Königs lasse vermuthen, daß er fremden Beistandes nicht bedürfe, sondern selber Mittel wisse zur Herstellung der Ruhe in seinem Hause. Obwohl Seckendorf am 9. October 1730 diese Antwort gab, hatte er längst Schritte gethan. Bereits eine Woche vorher, am 2. October, hatte er einen Entwurf an den Prinzen Eugen geschickt, wie nach seiner Meinung der Kaiser zu Gunsten des Kronprinzen zu schreiben habe.**) Er meldete jedoch am 9. dem Prinzen Eugen, daß er das von ihm angerathene Schreiben des Kaisers zurückhalten wolle, bis er gewiß wisse, daß der König den Kronprinzen pardonniren wolle. Damals hatte Seckendorf das Schreiben des Kaisers an den König noch nicht in Händen; denn der Kaiser schrieb es am 11. October. Nun hat allerdings Seckendorf dies kaiserliche Schreiben erst am 31. October überreicht; allein es kommen dabei noch einige Momente in Betracht. Zuerst nämlich setzt das Begleitschreiben,***) mit welchem Seckendorf den Brief des Kaisers übergibt, bei dem Könige die Kenntniß des wesentlichen Inhaltes des kaiserlichen Schreibens voraus. Der König hat dem Gesandten befohlen, das kaiserliche Handschreiben ihm einzusenden. Ferner hat der König damals, am 31. October, einen definitiven Entschluß noch nicht kund gethan. Denn Seckendorf bemerkt in seinem Berichte an den Prinzen Eugen vom selben Datum†): „Ich habe das kaiserliche Handschreiben übergeben und hege gute Hoffnung: es werde etwas nützen." Ferner lehrt der Inhalt des Schreibens von Seckendorf an den König,††) daß Friedrich Wilhelm das, was in dieser Sache geschah, wesentlich mit dem Beirathe des kaiserlichen Gesandten that. Der Brief Seckendorfs ist nur unter der Voraussetzung verständlich, es blickt aus demselben die klare Überzeugung, daß der König seinem Sohne verzeihe um des Kaisers willen. Seckendorf gibt die Modalitäten an, unter welchen der König verzeihen möge. Es ist bekannt, daß der König danach sich gerichtet hat.

---

*) a. a. O. S. 9.
**) a. a. O. S. 12.
***) Preuß: Urkundenbuch zur Geschichte Friedrichs des Großen. Bd. II. S. 165. Nr. 33.
†) Förster: Friedrich Wilhelm. Bd. III. S. 12.
††) Preuß: Urkundenbuch u. s. w. Bd. II. S. 165.

Am 11. November erfolgt die Verzeihung für den Kronprinzen. Warum verzieh der König? Er selbst erklärt an seinem Hofe öffentlich, daß der dem Kronprinzen gegebene Pardon der kaiserlichen Intercession zuzuschreiben sei.*) Und eben dasselbe nun meldet der König in einem eigenen Schreiben an den Kaiser. Der König sagt das in so bestimmten, so ausdrücklichen Worten, daß ein Zweifel daran sich nur gegen die Person Friedrich Wilhelm's selber kehren könnte. Ich wiederhole diese Worte**): „Eurer kaiserlichen Majestät aber lediglich hat derselbe es in gebührender Erkenntlichkeit zu danken, daß Sie Dero Vorwort ihm haben angedeihen lassen wollen, maßen ich bloß dadurch bin bewogen worden ihn zu pardonniren, und will ich wünschen und hoffen, daß dieses einen solchen Eindruck in sein Herz machen möge, daß er dadurch ganz geändert werde und recht erkennen lerne, wie sehr Eurer kaiserlichen Majestät er vor Dero bezeigte aufrichtige Liebe und Treue verbunden bleibe."

Das nachherige Verfahren des Königs mit seinem Sohne spiegelt so getreu die meisten Rathschläge Seckendorfs wieder, daß wir ein Recht haben, dieselben auch da von Friedrich Wilhelm als befolgt anzusehen, wo nicht ein ausdrückliches Zeugniß dessen vorliegt. Demgemäß ward der Brief des Kaisers dem Prinzen vorgelesen und ihm als der Grund zu seiner Begnadigung angegeben. Friedrich selber schrieb im ähnlichen Sinne an den Kaiser, wie der Vater. Man könnte hier erwiedern: es ward ihm so befohlen. Allein zwei Jahre später, wo es ihm nicht befohlen wurde, schrieb er in ähnlicher Weise über den Kaiser an Seckendorf***): „dieser Fürst, der die Bewunderung Europas ist, hat sich gegen mich nur durch großmüthige Handlungen zu erkennen gegeben. Ich bringe ihm jede Erkenntlichkeit dar, die meine Pflicht mir zu haben verstattet, und ich kann dem Grafen Seckendorf versichern, daß ich mehr Verehrung hege für den Kaiser wegen seiner außerordentlichen Fähigkeiten, als wegen seines Ranges. Ich bin unglücklich genug, nicht alle Sorgfalt meiner Freunde durch meine guten Absichten vergelten zu können; aber ich hoffe, daß ich nicht prädestinirt sein werde, ihnen Kummer zu machen."

Ich habe das ganze Verhältniß etwas ausführlicher erörtern müssen, damit der Thatbestand klar vor Augen liege. Hoffentlich wird der Nachweis Ihnen genügen. Der König Friedrich Wilhelm verzieh seinem Sohne lediglich wegen der Fürbitte des Kaisers Karl VI., des Vaters von Marie Theresia, und Friedrich II. wußte das sehr wohl.

*) Förster: Friedrich Wilhelm. Bd. III. S. 15.
**) Preuß: Urkundenbuch u. s. w. Bd. II. S. 169.
***) Oeuvres T. XVI. 73.

Es folgt die Geschichte der Heirath des Kronprinzen. Sie lassen es Sich angelegen sein, geehrter Herr, bei dieser Gelegenheit Oestreich anzuklagen wegen „der Künste und Mittel", die angewendet worden sind, Friedrich Wilhelm und seinen Sohn für die Heirath des letzteren mit der Prinzessin von Braunschweig-Bevern zu bestimmen. Sie fahren fort: „Friedrich Wilhelms despotische Patriarchalität ließ sich dazu gebrauchen, Friedrich war das Opfer." In der That, Sie drücken, um eine Anklage gegen Oestreich zu gewinnen, den König Friedrich Wilhelm sehr tief hinab. Ich leugne gar nicht, daß dieser Heirathsplan der kaiserlichen Politik in der ersten Zeit sehr willkommen war. Allein daß der König Friedrich Wilhelm in seiner despotischen Patriarchalität sich gebrauchen ließ, haben Sie nicht dargethan. Überhaupt war doch dieser König nicht so lenksam. Als der Wiener Hof später es lieber gesehen hätte, daß diese Heirath nicht zu Stande käme, erwiederte der Gesandte Seckendorf offenbar etwas unwillig*): „Und macht man sich von des Königs von Preußen Gemüthe eine ganz falsche Idee, wo man glaubt, daß solches von Jemand, wer es auch in der Welt ist, könne regiert werden." Als der Sohn Friedrich dem Vater seine unbedingte Bereitwilligkeit zur Heirath meldet, spricht der Vater mit Thränen in den Augen: „Das ist der glückseligste Tag meines Lebens." Es scheint mir, daß ein Mann, der also sich ausdrückt, kraft eigener Entschließung handelt, und nicht bloß aus Politik, noch weniger als Werkzeug eines Anderen, sondern aus persönlichem Antheile an der Sache. Der König handelte in dem guten Glauben, väterlich für seinen Sohn zu sorgen. Ich bin mit Ihnen einverstanden, geehrter Herr, daß bei dem Allen die Handlungsweise des Königs eine despotische Patriarchalität war. Aber ich beharre um nichts minder bei meiner Ansicht, daß der Sohn, der durch sein Schreiben den Vater zu solcher Rührung bewegt, der am selben Tage dem Minister Grumbkow schreibt: er würde sich eher erschießen, als die ihm bestimmte Frau nehmen, auf Muth und männliche Würde einen geringen Anspruch hat. Ich sehe dabei noch völlig ab von den Vorwürfen der Falschheit, die Grumbkow dem Prinzen macht, nämlich daß der Prinz ihn für sich ins Feuer schicken wolle, um selber, gedeckt durch die Erklärung seines unbedingten Gehorsames, den Ausgang ungefährdet abzuwarten. Ich sehe ferner ab von der lahmen Antwort, die der Prinz giebt, um diesem Vorwurfe Grumbkows auszuweichen.

Ich habe mich in meinem Buche auf die Sache nicht weiter eingelassen, weil ich glaubte, Jedermann müsse beim Lesen dieser zwei entgegengesetzten Briefe dasselbe Gefühl des Widerwillens empfinden wie ich. Aber

---

*) Förster: Friedrich Wilhelm. III. 144. Nr. 42.

weil Sie, nicht ich, alle solche Dinge noch tiefer aufrühren wollen: so muß ich hinzusetzen, daß der Prinz gerade damals sein ehebrecherisches Verhältnis mit der Frau von Wreech hat, und daß Seckendorf in diesem Verhältnisse den Grund „der wunderbaren und in der That nicht erlaubten Aufführung" des Prinzen findet.*)

Sie dagegen vertheidigen den Prinzen Friedrich mit dem Einwande: er scheine die Wiederholung des tragischen Conflictes von 1730 gefürchtet zu haben. Und deshalb wollen Sie ein solches Benehmen entschuldigen? Ich weiß, zur Rechtfertigung fühlen auch Sie Sich nicht bewogen. Aber Sie wenden die Sache anders. Sie ziehen die Person Grumbkows hervor. Sie sagen (S. 325): „Zu loben war es gewiß nicht, daß er Grumbkow" — vorher heißt es: einem Grumbkow — „mehr Vertrauen erwies als dem Vater, aber nach allem, was vorausgegangen war, wohl zu begreifen." Die Sache geräth dadurch auf ein anderes Gebiet. Nicht um die Person Grumbkows handelt es sich, sondern um die beiden entgegengesetzten Briefe desselben Tages. Friedrich hätte den zweiten Brief immerhin an einen Anderen als Grumbkow schreiben mögen: das ändert die Sache nicht. Aber nun die Furcht. Ich möchte an Sie selbst die Frage richten, ob Sie ernstlich glauben, daß in dem Könige Friedrich Wilhelm der Gedanke möglich gewesen sei, gegen den Prinzen, wenn er nicht auf Befehl heirathen wollte, zu verfahren wie 1730. Also Kriegsgericht u. s. w.? — Der Gedanke ist fast zu lächerlich, als daß Sie ihn im Ernste gehegt haben können.

Die Sache liegt in Wahrheit anders. Eben die Rührung des Vaters bei dem Briefe des Sohnes beweist, daß Friedrich Wilhelm nicht ein solcher Barbar war. Seine Rührung beweist, daß er Werth legte auf den freien Entschluß seines Sohnes; denn dieser Entschluß, wie er in den Worten des Sohnes vorlag, macht den Vater glücklich. Und darum war für das Folgende nur der Sohn verantwortlich, nicht der Vater. Indem Friedrich als Mann das verhängnisvolle Ja aussprach, nahm er alle Schuld auf sich. Sie wissen, geehrter Herr, so gut wie ich, daß Friedrich dies Ja aussprach mit dem Willen, es nicht zu halten.

Sie sagen weiter, daß der Prinz für wahre Liebe empfänglich gewesen sei. Sie citiren seine Worte an seine Schwester: „Mein Herz läßt sich nicht zwingen; wenn es liebt, liebt es aufrichtig; wenn es nicht liebt, ist es außer Stande sich Zwang anzuthun." Dieselbe Schwester sagt**) auch: Friedrich habe sich gegen sie geäußert, daß seine Abneigung gegen seine Braut mehr eine erkünstelte gewesen sei, damit er das dem Könige

---

*) Förster: Friedrich Wilhelm. Bd. III. S. 81.
**) Mémoires de Baireuth. II. p. 83.

gebrachte Opfer desto wichtiger mache. Allein ich will auf die Worte dieser Prinzessin auch nicht das leiseste Gewicht legen. Ich stelle lieber Ihrem Citate aus den Worten des Prinzen ein anderes gegenüber. Es ist aus derselben Zeit und, wie Ihnen bekannt, aus der Zeit seines Verhältnisses mit der Frau von Wreech.*) „Ich liebe das weibliche Geschlecht; aber ich liebe es etwas flüchtig. Ich will davon nur den Genuß, und dann verachte ich es." Es würde sich dann fragen, welche dieser beiden Äußerungen, die wir hier gegen einander stellen, dem Thatbestande mehr entspricht. Ich meines Theiles muß Ihnen vor allen Dingen bemerken, daß der König Friedrich, den Sie den Großen nennen, niemals mehr in seiner moralischen Kleinheit erscheint, als dem weiblichen Geschlechte gegenüber. Ich rede nicht von diesen einzelnen Ausschweifungen seiner Jugend, die bald vorübergingen. Auch wahrhaft große Männer, wie Augustin, sind nicht frei davon gewesen, und haben doch sich sittlich wieder emporgerafft. Friedrich hat das nicht vermocht. Es blieb ihm nach dem kurzen Taumel der Jugend die unendliche Leere. Er hat Frauenehre und Frauenliebe nie gekannt, noch gewürdigt. Und das hat auf sein Leben und mittelbar auf das von Millionen gedrückt, wie ein schwerer Alp.

Aber ich verwahre mich feierlich, geehrter Herr, daß ich nicht freiwillig dieses berühre, sondern nur, weil Sie mich dazu gezwungen, weil Sie Dinge nicht anerkennen wollen, die nach meiner festen Überzeugung einem Zweifel nicht unterworfen waren.

Sie schildern dann mit sehr beredten Worten (S. 327), was alles ich zum Nachtheile Friedrichs aussage. Hätte es Ihnen doch nur gefallen einmal nachzuweisen, daß meine Worte unbegründet sind! Mit Vergnügen jedoch bemerke ich, daß Sie, wie es scheint, auf das „berühmte Wort" verzichtet haben: „Da steht Einer, der mich rächen wird!" Da Sie noch in der zweiten Auflage Ihrer deutschen Geschichte (I. S. 44) dasselbe mit so großem Nachdrucke verkünden: so durfte ich kaum zu hoffen wagen, daß ein solcher Verzicht möglich sei. Um so erfreulicher ist derselbe.

Sie werfen mir vor, geehrter Herr, daß ich nichts von den Beschäftigungen des Prinzen sage nach seiner Verheirathung. Ich weiß nicht, wie Sie zu diesem Vorwurfe kommen. Nachdem ich ausführlich erörtert, wie der Prinz von der Prädestinationslehre allmählig zum vollendeten Skeptizismus überging, und mehr dergleichen, fasse ich meine Auseinandersetzung in die Worte zusammen (S. 82 meines Buches): „Dennoch ist es immer das seltene Beispiel, daß ein Prinz, ein Thronerbe, seine Zuflucht

---

*) Oeuv. XVI. 50.

sucht in Wissenschaft und Kunst." Ich habe geglaubt, eine solche Anerkennung wöge doch gar manchen Tadel auf.

Ferner behaupten Sie, daß ich nichts von dem Wirken des neuen Königs nach seiner Thronbesteigung erwähne. Meine Worte darüber beginnen (S. 96): „Eine neue Welt schien nun zu erblühen. Der Vater hatte alle Wissenschaft und Kunst als unpraktisch verachtet. Der Sohn erstrebte Ruhm auf allem und jedem Gebiete des Lebens. Er trug sich mit der Hoffnung, in Berlin alles zu versammeln, was die Zeit an Koryphäen der Wissenschaft aufwiese." Er that dies zuerst kund in seinen Schritten für die Akademie. Andere Erörterungen dessen, was Friedrich II. nach seinem Regierungsantritte that, z. B. über die Verkündigung der Lehre von dem Façon=Glauben, sind in spätere Untersuchungen verwebt (S. 410 f.). Die Ansichten des Königs über Gewerbe und Handel, Ackerbau u. s. w. habe ich in besonderen Abschnitten besprochen (S. 161 f. und S. 308 f.), ebenso diejenigen über die Volksbildung (S. 435 f.). Ich habe dies gethan, um in dem jedesmaligen Falle ein übersichtliches Bild zu liefern. Es mag das nicht Ihrer Ansicht entsprechen; aber ich darf Ihnen entgegenhalten, daß Sie nicht von mir eine Lobpreisung für eine vermeintliche Förderung erwarten dürfen, wo ich nachgewiesen habe, daß eine Förderung nicht statt hatte. Ich verhehle ja nicht, daß ich den größeren Theil der über Friedrich II. herrschenden Traditionen für irrig halte und diese meine Ansicht zu beweisen suche. Es wäre mithin, da Sie meine Arbeit eingehend besprechen wollen, eher Ihre Aufgabe gewesen, meine Beweise zu prüfen, entweder dieselben zu widerlegen, oder im Falle dies nicht möglich, mir beizustimmen. Am wenigsten aber haben Sie das Recht da, wo Sie nur Anklagen und nicht Beweise vorbringen, zu sagen (S. 328): es passe nicht in mein System zu sagen, daß Gewerbe, Kunst und Wissenschaft gefördert ward. Beweisen Sie erst, daß es geschah.

Sie erörtern dann, geehrter Herr, den Angriff auf Schlesien. Auch Sie glauben (S. 329), daß die rechtliche Seite nicht die stärkste und wichtigste in dem schlesischen Conflicte war, und setzen dann hinzu: „Eine unbefangene Darstellung wird den politischen Motiven eine ungleich höhere Stelle einräumen."

Es ist dies auch nach meiner Ansicht wahr, und ich habe mich bemüht, es sehr stark hervorzuheben, daß der Angriff auf Schlesien von der wichtigsten, weitest tragenden politischen Bedeutung war. Wir sehen ein deutsches Fürstenhaus, das dreihundert Jahre lang mit geringen Abweichungen seine Ehre und seinen Stolz darein gesetzt, treu zum Kaiserhause zu stehen, ein Fürstenhaus, das dieser Treue und Ergebenheit wichtige

Forderungen vor anderen deutschen Fürstenhäusern verdankt, in einem der begabtesten Repräsentanten dieses Hauses sich feindlich diesem Kaiserhause gegenüberstellen. Eine dreihundertjährige Tradition wird gebrochen und in den entschiedensten Gegensatz verkehrt. Dieser eine Schritt entscheidet über das Leben des Mannes, der ihn thut. Nachdem er den ersten Schritt gethan, ergaben sich die anderen von selbst. Um des Unrechtes willen, das er gethan, stand er sein Lebenlang in feindseliger Haltung Oestreich gegenüber. Nur will es mir doch nicht einleuchten, daß Friedrich II. selbst von Anfang an diese feindselige Stellung, die er fortan einnehmen würde, überschaut habe. Seine Worte an Jordan, die ich vorhin angeführt, geben wenigstens dafür keinen Anhaltspunkt. Wie für uns andere Sterbliche, so entwickelte sich auch für ihn eine Folge aus der anderen, bis der politische Stand der deutschen Dinge in dem Dualismus klar vor Augen lag. Alles Kriegsunglück, das fortan über Deutschland kam, entsprang aus dieser Wurzel. Friedrich selbst war über den Anfang sich vollkommen klar, indem er die Worte sprach: „So war also das Signal zum Kriege für Europa gegeben." Es kamen die Franzosen heran mit ihrem Kriege, der bis 1748 währte. Es entbrannte ferner der zweite schlesische, dann der siebenjährige, dann der bayrsche Erbfolgekrieg. Dieser Dualismus der deutschen Nation machte ferner den Frieden von Basel möglich, an welchem abermals die folgenden Dinge hangen, wie an einer Kette.

Sie sagen mir, geehrter Herr, daß ich es mit den rechtlichen Fragen der Ansprüche auf einige Theile von Schlesien genauer zu nehmen habe. Ich maße mir nicht an, über die Rechtsbeductionen damaliger Zeit eine Entscheidung zu fällen, inwiefern die eine bündiger sei als die andere. Ich constatire nur die eine Thatsache, welche Sie mir übel genommen, aber nicht widerlegt haben. Diese Thatsache ist, daß selbst auch dann, wenn das Haus Hohenzollern rechtliche Ansprüche auf einige Theile in Schlesien hatte, die Erinnerung an diese Ansprüche im Hause Hohenzollern selbst untergegangen war, und daß mithin noch viel weniger in den Märkern und wer sonst dem Fürstenhause gehorchte, eine Überlieferung solcher Ansprüche lebte, die ihnen für den Schein eines Rechtes zu diesem Kriege hätte gelten können. Dies werde ich so lange festhalten, bis Sie mir beweisen, daß Friedrich Wilhelm I. in den siebenundzwanzig Jahren seiner Regierung ein Wort geäußert habe, welches darthäte, daß er eine lebendige Erinnerung solcher Ansprüche auf einige Theile in Schlesien gehabt, daß es ferner jemals sein Gedanke gewesen sei, diese Ansprüche geltend zu machen. Dies werde ich ferner festhalten, bis Sie nachweisen, daß Friedrich selbst, bevor er den Plan des Krieges faßte, sich über diese Forderung gegen irgend Jemanden, namentlich gegen den Betheiligten, den Kaiser Karl VI., ausgesprochen. Dies werde ich ferner so lange festhalten, bis Sie darthun, daß vor Friedrichs Einbruche in Schlesien irgend ein Deutscher, sei er Unterthan der Hohenzollern, oder der Habsburger, an die Möglichkeit eines solchen Krieges gedacht habe. Dies werde ich ferner festhalten, bis Sie nachweisen, daß auch nur einer der Minister vorher den Eroberungsplan des Königs gebilligt habe. Bis Sie diese Beweise bringen, werde ich festhalten an der Ansicht, daß der König Friedrich II. einen besonderen Satz aus unmittelbarer eigener Erfahrung sprach. Es ist der Satz: wenn die Fürsten Krieg wollen, so beginnen sie ihn, und lassen dann einen arbeitsamen Rechtsgelehrten kommen, der beweisen muß, daß sie Recht dazu hatten.

Für das Folgende ist Ihre, wie Sie es nennen, eingehende Betrachtung meines Buches kürzer. Sie wird desto energischer in den Ausdrücken. Sie sagen (S. 332): „Und wir behaupten, daß es Herrn Klopp von Anfang bis zu Ende seines Buches auch nicht an einer einzigen Stelle gelungen ist, mit der unbefangenen Stimmung des Geschichtschreibers zu denken und zu urtheilen: wir hören überall den Ärger der Partei, nirgends die objective Ruhe." Das wäre allerdings sehr schlimm. Übersetze ich jedoch diese Worte in meine Art zu reden, so heißen sie: es ist in dem Buche auch nicht eine Stelle, mit welcher die Partei, die man gemeinhin die gothaische nennt, sich befriedigt fühlen könnte. Das wäre nun nicht sehr schlimm, und insofern würde ich mit Ihrem Urtheile einverstanden sein. Nur thut es mir leid, daß Ihnen in der versuchten Beweisführung sofort beim ersten Satze etwas Menschliches widerfährt. Sie setzen nämlich diese Rede unmittelbar fort: „Wenn Friedrich die Zumuthung, sich für seinen Anspruch an Schlesien mit Geld abkaufen zu lassen, stolz zurückweist: so bemerkt höhnend Herr Klopp: Friedrich hielt eine pathetische Rede." Also sind Ihre Worte, geehrter Herr. Wenn Sie doch nur die unmittelbar folgenden sechs Zeilen der Rede selbst und noch eine Zeile dazu gelesen hätten: so würden Sie gefunden haben, daß jene Worte, die Ihren Unwillen erregen, einen ganz anderen Ursprung haben, als von mir. Es folgen nämlich nach der pathetischen Rede — nehmen Sie mir den Ausdruck nicht übel — die weiteren Worte: „Indem der König diese Rede erzählt, fügt er hinzu, daß er sie gehalten, weil das Pathos des englischen Gesandten ihm lächerlich erschienen sei, und er ihm deshalb in gleichem Tone habe antworten wollen." Sie sehen also, daß jene Worte, die Sie mir übelnehmen, lediglich eine möglichst objective Wiederholung der königlichen sind, daß nicht ich über dies Pathos höhne, welches Sie Stolz zu nennen belieben, sondern Friedrich II. selbst.

Sie fahren in raschen Zügen fort zu skizziren. Ich habe (S. 101) das Verdienst des Königs um die Entwässerung des Oderbruches hervorgehoben. Allein ich habe den Zusatz gemacht, daß Friedrich II. sonst nicht eine Fürsorge für den Ackerbau entwickelt habe. Ich führe dann die Meinung von Thaer an, daß Friedrich erst, nachdem viele Pläne für den Ackerbau fehlgeschlagen, eine Vorliebe für das Manufakturwesen bekommen und dieses auf Kosten des Ackerbaues begünstigt habe. Das sei, meint Thaer, nicht seine frühere Tendenz gewesen. Ich nenne das eine Vermuthung. Sie nehmen mir wieder dieses Wort sehr übel und verschanzen sich dabei hinter die Ansicht von Dohm, daß Thaer einer der befugtesten Richter sei. In der Landwirthschaft, geehrter Herr — ohne allen Zweifel. Aber nur darum nicht auch in der Geschichte. Es hilft da nichts, sich auf Autoritäten zu berufen. Wenn Sie mein Wort Vermuthung tadeln wollen: so war es Ihre Aufgabe zu beweisen, daß Friedrich II. irgend jemals durch die That dargelegt habe, daß er den Ackerbau für höher halte als das, was er Fabriken nannte. Ich habe diesen Beweis in Ihrer Schrift nicht gefunden.

Sie machen es mir ferner zum Vorwurfe, daß ich mehrmals wörtlich wiedergebe, was Dohm in seiner freimüthigen Weise über die Mißstände von Friedrichs Verwaltung und Staatswirthschaft mittheile, dagegen jenes Wort von Dohm über das Urtheil von Thaer nicht zu dem meinigen machen wolle. Ich erwiedere Ihnen, geehrter Herr, daß ich mir die Ansichten Dohms da zu eigen mache, wo ich nach bestem Wissen und Gewissen glauben darf, daß Dohm urtheilsfähig war nach eigener Anschauung und Untersuchung. Weiter geht mein Vertrauen auf Dohm nicht. Geht das Ihrige weiter, so ist das Ihre Sache. Die Anerkennung für Dohm habe ich oft und vielfach ausgesprochen. Um so lieber aber bin ich an manchen Stellen Dohm gefolgt, weil er als ein Bewunderer des Königs Friedrich II. nicht leicht ein ungegründetes Wort zu Ungunsten desselben sagen wird. Dennoch darf ich Ihnen doch auch entgegenhalten, daß ich an einer Stelle den König Friedrich gegen den Vorwurf einer entsetzlichen Grausamkeit, den Dohm auf ihn bringt, vertheidigt habe. Dohm meint (S. 299 meines Buches), die Polen seien im Jahre 1770 mit Friedrichs Wissen und Wollen mishandelt worden. Ich habe aus den Cabinetsordres des Königs nachgewiesen, daß Dohm sich irrt, daß die Mishandlungen, die allerdings von dem preußischen Militär verübt wurden, dem Willen des Königs zuwiderliefen.

Da Sie so freigebig sind mit Ihrem Tadel über meine Anklagen gegen Friedrich II.: so darf ich zu hoffen wagen, Sie werden künftighin dies nicht vergessen, nicht vergessen, meine ich, daß ich einmal als Vertheidiger des Königs gegen einen seiner lebhaftesten Bewunderer aufgetreten bin. Indessen nur Ihnen gegenüber lege ich darauf Gewicht. Wie ich mich hier bemüht, die Wahrheit herauszufinden: so habe ich dasselbe auch sonst in meinem Buche gethan, nach meinem besten Wissen, nicht mehr, nicht minder.

Auch meine Worte über die Thätigkeit des Königs im Frieden erregen bei Ihnen Anstoß. Sie heben diejenigen meiner Worte hervor, aus welchen ein Tadel über die Vielgeschäftigkeit des Königs hervorgeht. Ist der Tadel über die Einmischung des Königs in viele Dinge des Privatlebens Ihnen wirklich so unerwartet? Wird derselbe denn zuerst von mir erhoben? — Aber gestatten Sie mir dagegen hier auch wieder die Schilderung herzusetzen, die ich von der Thätigkeit des Königs entwerfe. Es heißt (S. 188): „Zur selben Zeit entwickelt der König persönlich eine rastlose, eine ungeheure Thätigkeit. So seltsam sein Wort ist, die Seele seines Staates, eine Art Vicegott auf Erden sein zu wollen: es ist unverkennbar sein Bestreben, es zur Wahrheit zu machen. Sein Tag ist eingetheilt vom Morgen bis zum Abend. Er ist Herr seiner Stunden, und seine Umgebung weiß mit voller Bestimmtheit im Voraus, was der König thun wird in dieser und jener Minute des Tages. Es ist ein Beispiel, wie es wenige Könige gegeben haben, wie es selbst wenigen anderen Menschen, die kein Maß ihrer Arbeit in sich tragen, als ihren eigenen Willen, erreichbar sein kann."

Warum, geehrter Herr, haben Sie denn nicht auch auf solche Stellen meines Buches einige billige Rücksicht genommen? — Aber, wenn Sie nun verlangen, daß ich bei der Anerkennung dieser rastlosen Thätigkeit auch die Zwecke und Ziele derselben, den Inhalt aller dieser Beschäftigungen loben soll: so ist das doch wohl so lange zu viel gefordert, bis Sie die Lobwürdigkeit derselben glaubhaft darthun.

Sie kommen ferner zu meiner Besprechung des siebenjährigen Krieges. Sie sagen, daß ich dort noch Größeres leiste, als die bisherigen Proben erwarten lassen (S. 333 der preuß. Jahrbücher). „Die Art, wie Herr Klopp die Ursachen des siebenjährigen Krieges schildert, dürfte selbst denjenigen überraschen, der die Ausdauer gehabt hat, die ganze Parteischrift bis dahin Wort für Wort durchzulesen." In solchem Tone fahren Sie fort.

Gestatten Sie mir dagegen, geehrter Herr, Ihnen noch einmal kurz den Gang darzulegen, den ich in meinem Buche eingeschlagen habe. Ich thue dies deshalb, weil Sie in Ihrer Besprechung darüber gerade die wesentlichsten Punkte nicht erwähnen.

Ich habe das Verhältnis des Königs Friedrich II. zu der deutschen Nation schildern wollen. Ich bin dabei von der Überzeugung ausgegangen, daß Jeder in seiner eigenen Sache zuerst zu hören sei, daß man, wo möglich, aus den eigenen Worten der betreffenden Persönlichkeit zu erfahren suchen müsse, was sie gewollt hat. Wir sind nun gerade bei dem Könige Friedrich in der günstigen Lage, daß er selbst sich über seine Motive zum siebenjährigen Kriege sehr ausführlich ausgesprochen hat. Er hat dies gethan im Sommer 1757 nach der Schlacht bei Kollin, die bekanntlich den Charakter des Krieges insofern wesentlich umänderte, als sie den König Friedrich, der bis dahin Angreifer gewesen war, fortan dem Grundzuge nach auf die Vertheidigung beschränkte. Selbst die glänzenden Siege von Roßbach und Leuthen stellten das Verhältnis, wie es von Anfang an bis zum Juni 1757 lag, nicht wieder her. Nach dieser Schlacht nun, die den König Friedrich in die Defensive hinein nöthigte, verfaßte er eine Schrift, welche er selbst nennt: Apologie de ma conduite politique. Diese Schrift, die Selbstvertheidigung des Königs für sein politisches Handeln, erwählte ich zum Angelpunkte meiner Betrachtung. Es ist eine Apologie. Wir dürfen mithin nicht erwarten, daß sie in jeder Beziehung vollständig sei. Es liegt in der Natur der Sache, daß Manches darin verschwiegen, Anderes wieder auf andere Weise aufgefaßt ist, als die Gegner des Königs es auffaßten. Allein es ist mit ziemlicher Gewißheit anzunehmen, daß der König Friedrich in dieser seiner Apologie die für ihn günstigen Momente nicht verschwiegen hat. Indem ich meinerseits diese Apologie zum Ausgangspunkte meiner Betrachtung nehmen wollte, glaubte ich nicht das Recht zu haben, aus derselben Auszüge zu machen, die den Verdacht auf sich laden könnten, subjectiv gefärbt zu sein, sondern ich mußte die Apologie wörtlich so geben, wie der König sie geschrieben hat. Ich habe dies gethan (S. 226 meines Buches und ferner). Allein zugleich habe ich, um gegen die Ansichten des Königs auch die anderen geltend zu machen, seinen Worten meine Bemerkungen zur Seite gestellt. Ein solches Verfahren ist nicht neu. Seckendorf z. B. hat gegen Maimbourg dasselbe in seinem großen Werke über die Reformation angewendet. Ich vergleiche nicht meine Arbeit mit derjenigen von Seckendorf. Denn der Werth der Arbeit des letzteren besteht ja darin, daß er dem Räsonnement des Maimbourg eine reiche Fülle des geschichtlichen Materiales gegenüberstellt, eine Fülle, in welcher die leicht gehaltene Schrift von Maimbourg sich völlig verliert, eine Fülle des Stoffes ferner, welche vorher und nachher von keinem anderen Werke über die Reformation erreicht ist. So konnte es mit meiner Arbeit nicht sein. Die Selbstvertheidigung des Königs sollte sich nicht darin verlieren: es kam mir darauf an, aus derselben wesentliche Punkte hervorzuheben, und danach zu beleuchten, ob die Selbstvertheidigung des Königs wirklich eine Selbstvertheidigung ist. Obwohl Sie, geehrter Herr, dies Verfahren bei einer anderen Gelegenheit, wo ich in dem Buche dasselbe angewandt, es zuerst als eine Kunst meiner Darstellung, dann jedoch als schulmeisterlich, als eine Tortur für den Leser bezeichnen: so weiß ich doch nicht, ob es ein geeigneteres gebe. Der Anhänger Friedrichs kann meine hier und da eingestreuten Bemerkungen, die sich durch den Druck dem Auge als solche darthun, leicht überschlagen, die Worte des Königs im Zusammenhange lesen und den Totaleindruck derselben, wenn er meine Worte nicht lesen will, unverkümmert bewahren. So ist mein Verfahren nach meinem Dafürhalten beiden Parteien gerecht, sowohl derjenigen, die für Friedrich, als derjenigen, die gegen ihn ist.

Friedrich II. nun erörtert in dieser Apologie seiner selbst, die er nach dem Fehlschlagen von Kollin geschrieben, warum er zum Kriege losgebrochen sei. Daß er darin behauptet: ein längeres Warten würde nur seinen Feinden Zeit gelassen haben, sich völlig zu arrangiren, ist selbstverständlich. Aber wer waren diese Feinde? Beging der König wirklich die Tollheit, die nach Ihrer Meinung (S. 334) ich ihm zuschiebe, ohne Noth einen Krieg mit halb Europa anzufangen? Dem ist nicht so. Der König verwahrt sich in seiner Apologie förmlich und feierlich, daß er die Feindschaft Frankreichs, des deutschen Reiches, Schwedens, Rußlands, auf der anderen Seite die Nichttheilnahme der Holländer und der Dänen, ihre Neutralität, nicht habe ahnen können. Er führt bei jedem einzelnen dieser Staaten an, inwiefern sie nicht seiner politischen Erwartung gemäß gehandelt. Indem er diese Fragen aufwirft: wie konnte ich ahnen, daß sie so handeln würden? — indem er diese Fragen aufwirft in seiner Apologie, er, der den Krieg begann: so folgt daraus mit innerer Nothwendigkeit der Schluß, daß er selber anders gehandelt haben würde, wenn er das Verhalten Frankreichs und der anderen Mächte, die sich nach einander gegen ihn erhoben, vorausgesehen hätte. Dieses anders Handeln aber desjenigen, der den Krieg beginnt, kann nur das Nichtbeginnen des Krieges sein.

Man sieht, die Sache stellt sich dadurch wesentlich anders. Die traditionelle Überlieferung stellt gern den Einbruch in Sachsen dem Wesen nach als eine Maßregel des Königs Friedrich zur Vertheidigung hin. Verhält es sich nach der Anschauung des Königs vom Juni 1757 damit wirklich so? Wenn dieser Angriff in Wahrheit dem Wesen nach eine defensive Maßregel gewesen wäre: so hätte er in höherem Maße das sein müssen, wenn Friedrich alle Feinde, die nachher ihm erwuchsen, hätte ahnen können, als wenn er sie nicht ahnte. Und doch sagt Friedrich selber oder deutet an: er würde nicht angegriffen haben, wenn er diese Zahl der Feinde hätte ahnen können. Das heißt mit anderen Worten: seine Vertheidigung, warum er den Krieg angefangen, schlägt um in die Anklage, daß sein Krieg nicht zunächst und wesentlich die Vertheidigung, die Abwehr zum Zwecke hatte, sondern den Angriff, mithin die Eroberung. Der Einbruch in Sachsen, den er und Andere in späterer Zeit, nach dem verhältnismäßig glücklichen Ausgange des Krieges als eine Maßregel zur Vertheidigung hinstellten, war nach den Schlüssen, zu denen seine eigene Apologie uns zwingt, ein Angriffskrieg, den er hätte unterlassen können, und zwar ohne Gefahr für ihn selbst.

Sehen Sie, geehrter Herr, das ist meine Ansicht, die sich stützt auf die Worte der maßgebenden Hauptperson. Ich könnte mich ferner, wie Sie wissen, auch berufen auf die Ansichten der Brüder des Königs Friedrich, der Prinzen Wilhelm und Heinrich, von denen namentlich der letztere für sich sehr klar und deutlich die Worte niederschreibt: Il nous a plongés dans cette guerre funeste. Ich könnte mich ferner berufen auf die Thatsache*), daß der König Friedrich schon im Jahre 1755 die Vorbereitungen traf zu der großen Münzfälschung, welche ihm ein wirksames Mittel zum Kriegführen ward. Allein ich halte das nicht einmal für nöthig. Alles Andere ist von secundärer Wichtigkeit. Wenn Sie mir entgegenhalten, daß seit langen Jahren an verschiedenen Höfen Intriguen gegen Friedrich gesponnen wurden: so erwiedere ich Ihnen mit den Worten Friedrichs: „Wie konnte ich ahnen, daß alle diese Mächte sich gegen mich erklären würden?" Über die wichtigen, die entscheidenden Worte des Königs selbst habe ich in meinem Buche, das den König betraf, alle anderen secundären Dinge hintangesetzt. Das ist allerdings nicht nach der hergebrachten Weise, und darum überschütten Sie mich mit Vorwürfen. Es thut mir sehr leid, Ihren Zorn auch hierin wieder so sehr gegen mich erregt zu haben; allein besser wäre es doch gewesen: Sie hätten in einer „eingehenden" Besprechung meines Buches Sich mehr beschäftigt mit dem, was ich sage, als was ich nicht sage. Sie haben diese ganze Apologie de ma conduite politique und meine Schlußfolgerungen daraus einer Erwähnung nicht für werth gehalten. Die Folge davon ist, daß Sie dem Publikum, für welches Ihre Besprechung zunächst bestimmt ist, den Lesern der preußischen Jahrbücher, von denen sehr wenige diese Apologie

---

*) Preuß: Friedrich der Große. II. 359.

de ma conduite politique kennen mögen, mich darstellen nicht als einen solchen, der eine andere wissenschaftlich begründete Ansicht aufstelle, als die in Ihrem Lager übliche, sondern: „man hat nur die Wahl, ihm eine unbegrenzte Naivetät oder eine Geringschätzung seines Publikums zuzutrauen, die etwas von Effronterie an sich hat." Das, geehrter Herr, sind (S. 334) Ihre Worte, die ich meinerseits in Bezug auf Sie nicht zu den meinigen mache. Sie sind sehr eifrig für Ihre Sache, nur führt der Eifer Sie ein wenig zu weit.

Sie erörtern dann die für mich, wie Sie sagen, unangenehme Thatsache, daß sich im Laufe des Krieges immer mehr die idealeren Regungen der Nation dem bedrängten Helden zuwandten. In der Zeit, von der hier zunächst die Rede ist, dem Jahre 1757, hat Friedrich selber diese Sympathie sehr vermißt. Es ist Ihnen das vielleicht nicht bekannt, und deshalb weise ich Sie hin auf den Brief Friedrichs an seine Schwester vom 17. October 1757.*) Er bittet darin seine Schwester, den Nachrichten aus Nürnberg und aus dem Reiche, d. h. mithin den nicht preußischen Ländern, keinen Glauben beizumessen; denn sie sind alle östreichisch." Bekanntlich war ja auch das Verfahren des Königs in Mecklenburg und in Sachsen nicht danach angethan, ihm irgend welche Sympathien zu erwerben. Ob nachher das der Fall gewesen sei, wo es den einigermaßen Kundigen notorisch war, daß die ungeheure Münzfälschung, demgemäß die Entwerthung alles Eigenthumes zuerst und hauptsächlich vom Könige Friedrich ausging, ob über die Abneigung, die unvermeidlich daraus entsprang, die sogenannten idealen Sympathien damals in Wirklichkeit das Übergewicht gewannen oder erst später in der idealisirenden Erzählung — das, mein Herr, dürfte ich wohl Ihrem eigenen Urtheile anheimstellen. Sie heben jedoch die religiöse Stimmung der Protestanten hervor. Sie machen gegen mich die Bemerkung: (S. 334): „Aber unser Autor ist auch gleich bei der Hand, die Grundlosigkeit dieser Anschauungen mit einem schlagenden Argumente darzuthun. Friedrich äußert einmal, daß ihn Predigten gründlich gelangweilt; also, schließt Herr Klopp mit zwingender Logik, konnte von einer religiösen Seite des Krieges keine Rede sein." Ich muß Ihnen erwiedern, geehrter Herr, daß ich diese Art von Logik dem Eigenthümer derselben gern überlasse. Ich habe von dem, was Sie mir zuschieben, auch nicht ein Wort gesagt. Ich habe in Bezug auf die Markgräfin davon gesprochen, daß sie Predigten als Schlafmittel anwandte, nicht in Bezug auf Friedrich. Sie mögen das vielleicht verwechselt haben.

---

*) Oeuv. XXVII. 1. 309. Les nouvelles de Nuremberg et de l'Empire sont toutes Autrichiennes.

Dagegen habe ich das Verhalten des Königs Friedrich zu Religion und Christenthum an verschiedenen Stellen meines Buches ausführlich dargethan. Sie sind in Ihrer Besprechung, die Sie selber eine eingehende nennen, nicht darauf eingegangen. Denn das war das Klügste.

Der französische Marquis d'Argens schreibt für Friedrich Flugschriften, in denen er den Religionskrieg predigt. D'Argens ist dabei ein Mensch, dessen roher Spott über die Angelegenheiten der Religion dem Könige Friedrich gegenüber an Cynismus wetteifert mit den früheren des la Mettrie. Ich habe Aeußerungen angeführt (S. 243), die ich hier nicht wiederholen will. Nun fragen Sie mich, geehrter Herr, ob ich glaube, daß allein dieser d'Argens wirklich das fertig gebracht habe, daß ein Theil der Deutschen den Krieg als einen Religionskrieg ansah.

Ich muß Ihnen erwiedern, geehrter Herr, daß ich das nicht glaube, und noch mehr, daß ich das auch, wie Sie durch einen Blick in das Buch leicht Sich überzeugen können, nicht gesagt habe. Meine Ansicht von der Sache ist diese. Seitdem Deutschland kirchlich gespalten ist, haben die verschiedenen positiven Formen der christlichen Religion je nach Umständen dem einen oder dem anderen Mächtigen zur Fahne des Krieges gedient. Weder in der Lehre des Katholizismus, noch derjenigen des positiven Protestantismus liegt ein Moment, welches zur Erhebung der Waffen gegen eine andere Glaubenspartei anreizen könnte. Wir sehen beide Glaubensparteien friedlich neben einander wohnen, und sogar, wo nicht Besitztitel in Frage kommen, in der Regel ohne Zank und Streit. Die Verschiedenheit des Bekenntnisses kann als Mittel und Stachel irgend eines Hasses benutzt werden; aber sie fordert nicht diesen als nothwendige Folge, weder bei der einen Partei, noch bei der anderen. Daß die einzelnen deutschen Stämme wegen der Verschiedenheit der Religion mit den Waffen in der Hand auf einander losschlagen, ist undenkbar, und ist niemals geschehen. Allein eine andere Bewandtnis hat es mit der Art und Weise, wie die Verschiedenheit des kirchlichen Bekenntnisses sich benutzen läßt für etwaige Zwecke der Mächtigen auf Krieg und Eroberung. Dem friedlichen Menschen geht der Gedanke schwer ein, daß ein so ungeheures Unrecht, wie der Krieg ist, lediglich aus Eroberungsgier begangen werde. Er sucht nach idealen Motiven, und wäre das, was man ihm bietet, auch nur ein Stein statt des Brotes, ein Schein statt der Wirklichkeit. Die idealen Motive, die zu solchen Zwecken verwerthet werden können, sind verschieden je nach der geistigen Anlage und Neigung des Volkes, nach dem Bildungsstande, nach der ganzen Zeitrichtung; jedoch der eine Eroberer schreibt auf seine Fahne die Nationalität, der andere die Freiheit.

Beide sind sicher, immer gute Leute zu finden, die sich bethören lassen und selber wiederum helfen, auch Andere mit zu bethören. Am leichtesten verwendbar ist zu jeder Zeit und in den meisten Umständen die Idee der Religion, weil das Religionsgefühl im Allgemeinen eine unmittelbare, eine nothwendige, eine unverlierbare, eine constitutive Begabung des Menschen ist. Das Religionsgefühl bildet sich durch Erziehung und Unterricht aus zu den verschiedenen Formen der Bekenntnisse, und der Regel nach hält daran der einzelne Mensch fest, wenigstens zur Zeit der Noth, und findet das besondere Bekenntnis seinem Religionsgefühle adäquat. Auf diese Neigung wird durchgängig von den meisten Eroberern spekulirt. Ich darf auf ein neueres Beispiel dieser Art hinweisen. Es ist Ihnen bekannt, geehrter Herr, daß der russische Czar Nikolaus während des Krimkrieges für seine Russen den heiligen Religionskrieg predigen ließ. Daß die Engländer und Franzosen vor Sebastopol nicht die griechisch=katholische Religion bedrohten, wissen Sie so gut wie ich. Dennoch wäre es gewagt zu behaupten, daß diese Predigt dem Czaren in Rußland keine Dienste gethan habe. Auch Friedrich II. benutzte diese Denkungsweise der Menschen. Er hatte den Nutzen derselben bereits zur Genüge erfahren. Bei seinem Einbruche in Schlesien 1740 brachten die Deductionen seiner Juristen für sein Recht auf dies Land bei seinen Unterthanen keine Wirkung hervor. Aber Friedrich ließ den Religionskrieg predigen. Das wirkte besser. Ich erinnere Sie, geehrter Herr, an die Berichte darüber von Jordan an den König. Jordan wagt es dem Könige zu sagen, daß man in Berlin sich die Schrift des Königs gegen Machiavelli und den Angriff auf Schlesien nicht zu reimen wisse. Aber es folgt jene Predigt. Und wieder berichtet dann derselbe Jordan: „In allen Kirchen fleht man zum Himmel, die Waffen Eurer Majestät zu segnen, und gibt das Wohl der protestantischen Religion als die einzige Ursache des Krieges an. Bei diesem Worte erwacht der fromme Eifer des Volkes. Man preist Gott, daß er einen so mächtigen Eiferer erweckt hat, und ist entrüstet, daß man es wagen durfte, ihm Gleichgültigkeit gegen den Protestantismus zuzutrauen. Auch versichert man, ohne es untersucht zu haben, daß die Rechte Eurer Majestät unwidersprechlich sind." — „In der That", fügt Jordan hinzu, „ein herrlicher Streich." Ähnlich, geehrter Herr, lagen die Dinge im siebenjährigen Kriege. D'Argens, der vor dem Könige Friedrich, um den Dank desselben sich zu erwerben, sich groß that mit seinem vollendeten Nihilismus und Materialismus, ebenderselbe d'Argens, der damals dem Könige meldet: er arbeite an einem Buche „zu dem Zwecke, für immer den Aberglauben zu vernichten, welchem man den Namen Religion gegeben hat" — dieser selbe b'Argens verfaßt Flugschriften des Inhalts, daß Friedrich der Beschützer der protestantischen Kirche, daß der Krieg des Königs Friedrich ein Religionskrieg sei.

Es haben auch Andere gethan, ich weiß es. Es mögen auch viele in ehrlicher Meinung gethan haben, weil sie nicht besser wußten. Es haben sicherlich auch viele das geglaubt und thun es noch, auch ungeachtet der bündigsten Darlegungen, weil ja die Augen vieler Menschen sich behaglicher finden im Halbdunkel der Lampe ihrer eigenen Phantasie, als im Lichte der grellen Wirklichkeit. Allein das Alles ändert die Thatsache nicht, die Thatsache nämlich, auf die es für die geschichtliche Betrachtung ankommt, daß Friedrich II., der herbste Spötter gegen jedes positive Kirchenthum, die Anhänglichkeit der Menschen für ein positives Kirchenthum ausbeutete zum Zwecke seines Krieges. Ich könnte mich mit Ihnen einverstanden erklären, geehrter Herr, daß dies Verfahren klug, oder richtiger schlau und listig war; aber Sie werden Sich ohne Zweifel mit mir dahin einverstanden erklären, daß dies Verfahren im Widerspruche stand mit der Gerechtigkeit und der Wahrheit.

Sie werfen mir vor, geehrter Herr, daß ich die Schlacht von Roßbach nicht im richtigen Sinne anschaue. Sie zitiren (S. 335) meine Worte, freilich mit einiger Veränderung von Ihrer Hand: deßhalb ziehe ich es vor, die Worte hier so zu geben, wie ich Sie (S. 250 meines Buches) niedergeschrieben: „Friedrich hätte wohl lieber ein Treffen mit den Franzosen vermieden; denn er lebte noch immer der Hoffnung, daß der französische Hof umlenken würde von der thörichten Politik gegen den preußischen König." Friedrich hatte nämlich eben vorher durch seine Schwester am französischen Hofe Versuche machen lassen, mit Frankreich zum Frieden zu kommen. Seine Hoffnung stützte sich darauf, wie er nicht bloß an seine Schwester*), sondern auch in der Apologie de ma conduite politique geschrieben, daß ein Krieg der Franzosen gegen ihn diametral dem politischen Interesse von Frankreich entgegen gesetzt sei. „Die Politik der Franzosen ist von alter Zeit her gewesen, im Norden einen mächtigen Verbündeten zu haben, dessen Diversionen ihnen nützlich sein könnten. Schweden, welches früher Frankreich diente, hat seine Macht und seinen Einfluß in den Angelegenheiten des Continentes verloren. Es bleibt also für Frankreich nur Preußen." Dieser Gedanke floß bei Friedrich nicht aus einer einmaligen Stimmung, sondern derselbe war constant, ein Grundzug seiner politischen Anschauung. Er hatte dreizehn Jahre früher ganz dasselbe ausgesprochen. Als er 1744 mit dem Franzosen

---

*) Oeuvres XXVII. 1. 293. f.

Dumesnil den neuen Vertrag zum Angriffe auf die Erbstaaten Maria Theresia's abschloß, den Vertrag, in welchem man sehr eilig, und zwar wie Friedrich sagt, der Klugheit gemäß, damit nicht nachher ein Streit entstünde, die Theilung der Beute vereinbarte, nämlich Böhmen für Friedrich II.*) — damals, im Jahre 1744, hatte Friedrich ganz ebenso gesprochen. Damals nämlich hatte er zu diesem Franzosen gesagt: „Ich bin sehr froh, die Schweden zu ersetzen, welche ehemals die begünstigten Verbündeten von Frankreich waren. Jetzt ist das ein Körper ohne Seele. Ich aber habe eine solche, und man wird damit zufrieden sein." Von diesem Gedanken aus, welcher derselbe ist bei Friedrich im Jahre 1757 wie 1744, läßt er noch im Laufe des Sommers 1757 nicht von der Hoffnung, Frankreich werde einen anderen Weg einschlagen, werde ihm wieder sich geneigt erweisen. „Wer konnte denken," sagt er, „daß eine unerklärliche Wendung der Dinge und die Ränke einiger Waschweiber Frankreich dahin bringen würden, seine Interessen und das einzige System, welches denselben angemessen ist, preiszugeben?" Von diesem Gedanken aus ermächtigt Friedrich II. seine Schwester, im Sommer 1757 in Versailles Vorschläge zu thun. Er ermächtigt sie, der Pompadour bis zu einer halben Million Thaler zu bieten, ja selbst darüber hinauszugehen, wenn man zugleich die Pompadour bewegen könne, ihm einige Vortheile zu verschaffen. Nur müsse die größte Vorsicht obwalten; denn die geringste Ahnung, die man in England (Hannover) davon erhalte, werde alles verderben. Friedrich begnügt sich nicht mit den Schritten seiner Schwester. Er selbst schickt ein Bouquet und schreibt einen Brief dazu an eine Madame Therese**) in Paris. „Sie ist weder eine spanische Heilige", sagt er, „noch stolz wie die deutsche Therese, sondern begnügt sich, die liebenswürdigste der Französinnen zu sein." Näheres über diese Person ist nicht bekannt; doch dürfte diese Charakteristik durch Friedrich genügen.

Alle diese Schritte schlugen fehl. Und nachdem sie alle fehlgeschlagen sind, entschließt sich Friedrich dazu, nachdrücklich auf die Franzosen loszugehen. Er thut dieses sein Vorhaben seiner Schwester kund mit den Worten: Puisque les Français sont si fiers, je les abandonne à leur sens pervers u. s. w. Er will sie schlagen.

Sie sehen, geehrter Herr, daß ich Ihren Worten (S. 335) gegenüber: es stehe an der beregten Stelle nichts, was für meine Ansicht spräche, ganz entschieden diese Ansicht aufrecht halte. Auch Sie werden hoffentlich

---

*) Oeuv. III. 38.
**) Oeuv. XVI. 343.

derselben Ansicht Sich zuneigen, wenn Sie diese Worte nicht bloß für sich stehend auffassen, wo sie dann, namentlich das Wort pervers, keinen Sinn geben dürften, sondern in Verbindung mit dem, was ich in dem Vorhergehenden aus dem Briefwechsel Friedrichs mit seiner Schwester entwickelt habe.

Sie erzählen dann, geehrter Herr, daß ich zum Ersatze für Roßbach dem Regensburger Notar Dr. April eine nachträgliche Verherrlichung zugedacht habe. Sie irren sich, von einer Verherrlichung ist da nicht die Rede. Ich habe das Verfahren des Gesandten Plotho gegen einen wehrlosen Mann berichtet, der nicht aus eigener Wahl, sondern im fremden Auftrage, den er vermöge seines Berufes nicht ablehnen durfte, zu diesem Plotho kam. Ich habe an die Erzählung dieser Rohheit den Ausruf geknüpft: „Und auch daraus hat man Ruhm gesogen für diesen Gesandten und für seinen König!" — Sie scheinen Sich, geehrter Herr, noch nachträglich über diese „berühmte Scene" zu freuen. Ich beneide Sie um die Fähigkeit zu einer solchen Freude nicht; nur wollen Sie nicht vergessen, daß ich darum den Dr. April noch nicht verherrliche.

In dieser Weise fassen Sie auch ferner mein Buch auf, geehrter Herr, in etwas anderer Weise, als es geschrieben ist, und bemühen Sich, diese Ihre Auffassung Ihrem Leserkreise zuzuführen. Sie sagen mir, daß ich gar keine Anerkennung habe für die Standhaftigkeit, mit welcher der König Friedrich sich durchschlug. Sie haben wohl nicht genau genug nachgesehen. Ich sage z. B. (S. 241) in Bezug auf den ganzen Krieg: „Es gebührt ihm die Anerkennung, daß er mit erstaunlichem Geschicke und fester Standhaftigkeit sich durch denselben hindurch geschlagen hat." Sie finden ferner, daß ich die Schlacht bei Leuthen nicht gehörig würdige. Ich habe in dieser Beziehung gesagt, vor derselben (S. 253): „Friedrich stand auf der Höhe seines militärischen Ruhmes. Von Roßbach aus wandte er seine Fahnen ostwärts nach Schlesien. Es war gerade ein Monat verflossen nach jenem großen Siege, als er sich anschickte, einen anderen größeren zu erringen, der alle bisherigen überstrahlte." Ich gebe ausführlich seine Anrede vor derselben an seine Offiziere. Ich füge hinzu: „Man sieht, diese Rede athmet Siegesgewißheit." Und mein Schlußurtheil ist (S. 257): „Man weiß, daß der Sieg hauptsächlich errungen wurde durch das überlegene Geschick des Königs selbst." Kann und darf ein Laie in der Kriegeskunst mehr sagen als das? —

Ich habe es an einer anderen Stelle nicht verhehlt, daß über die strategische Befähigung des Königs auch andere Urtheile vorhanden sind. Aber ich „gebe nicht zu verstehen," geehrter Herr, daß das auch meine

Ansicht sei. Es ist vielmehr die Ansicht des Prinzen Heinrich, die derselbe lange nach dem Tode des Königs Friedrich offenbart. Ferner gebe ich diese Meinung des Prinzen Heinrich nur zum Beweise, daß der Prinz in dem Conflicte, welchen sein verstorbener, älterer Bruder, der Prinz Wilhelm, im Jahre 1757 mit dem Könige hatte, ganz und gar auf die Seite Wilhelms gegen Friedrich trat. Haben Sie die Güte, die betreffende Stelle (S. 224 meines Buches) nachzusehen: so werden Sie finden, daß ich mich nur referirend verhalte.

Warum doch, geehrter Herr, schieben Sie auch sonst mir zu, was die Geschwister des Königs ihm selbst oder über ihn sagen? — Sie berichten nämlich (S. 337 Ihrer Besprechung) über mich: „Warum, fragt Herr Klopp mit leisem Vorwurfe, hat er sich damals nicht durch die Rückgabe von Schlesien mit dem Kaiserhause ausgesöhnt?" — Diese Worte in solcher Weise habe ich nicht gesagt. Meine Worte sind vielmehr (S. 247): „In einer solchen Zeit durfte ihm die Markgräfin (von Baireuth) den Vorschlag machen, durch die Rückgabe von Schlesien sich mit dem Kaiserhause zu versöhnen." Dann, nachdem ich diese Worte als von der Markgräfin ausgehend gesagt, füge ich meinerseits hinzu: „Es war ein Vorschlag, der den inneren Frieden, die Ruhe und Sicherheit von Deutschland neu befestigt hätte." Sie werden mir Recht geben, geehrter Herr, daß Ihre Worte über mich dem Sachverhalte nicht genau entsprechen.

Sie fahren dann in großen Zügen fort und behaupten, „einen hinlänglichen Beweis von Geduld gegeben zu haben, wenn wir den Lucubrationen des Herrn Klopp bis hierher Schritt für Schritt gefolgt sind." Sie fügen dann einige von den Ergüssen der gereizten Stimmung über mein Buch hinzu, deren ich schon zu Anfang gedacht habe. Daß Sie meinem Buche Schritt für Schritt gefolgt sind, verneine ich. Sie haben Sich die Sache etwas leichter gemacht. Sie haben Sich die Stellen ausgesucht, die Ihnen zu einer Entgegnung passend erschienen.

Fortan resumiren Sie kurz. Sie sagen, daß die Theilung Polens, die Geschichte der späteren Verwaltung nach 1763 ein mehr dankbares Feld für mich gewesen sei. (S. 337). „Wir können aber nicht finden, daß er diese Materien mit besserem Erfolge als früher für seine Zwecke ausgebeutet hat. Was gegen die Härte der späteren Verwaltung, gegen Regie und Monopolien gesagt wird, geht im Ganzen nicht über das hinaus, was sich schon bei Dohm und bei Mirabeau findet, nur natürlich, wie im Früheren, Schatten ohne Licht." — Ich erwiedere Ihnen, geehrter Herr, nur die Frage, ob denn Dohm und Mirabeau die Aktenstücke, die Herr Preuß in seinem Urkundenbuche gebracht, auch schon be=

nutzt haben? Auf diesen Aktenstücken, namentlich der langen Reihe von Cabinetsordren des Königs selbst, beruht zu einem bedeutenden Theile meine Darstellung. Sie sagen ferner, es sei Schatten ohne Licht. Hätte es doch Ihnen gefallen, das fehlende Licht uns anzuzünden!

„Alles, was Herr Klopp dem großen Könige (nach dem siebenjährigen Kriege) einräumt", sagen Sie, „ist die gute Absicht, seinem Lande wieder aufzuhelfen; dann wiederholen sich die gleichen Vorwürfe: er habe für den Ackerbau nichts gethan, nur für die Fabriken Sinn gehabt."

Aber, geehrter Herr, ich habe nicht bloß Vorwürfe ausgesprochen, sondern ich habe diese Vorwürfe auch bewiesen. Warum ziehen Sie denn nicht einmal auch diese meine Beweise zur Rechenschaft? — Ich habe ferner dargethan, daß die unverständige Vorliebe des Königs Friedrich für Fabriken zu einem sehr großen Theile ihren Grund hatte in der Täuschung, in welcher man ihn sein Lebenlang erhielt. Ich habe dies nach Mauvillon ausführlich dargethan an den falschen Tabellen, die der Minister Herzberg dem Könige einreichte, und die der König für wahr annahm, weil dieselben seinen vorgefaßten Meinungen entsprachen. Herzberg legte Tabellen vor mit genau bestimmten Angaben über die Production der gesammten Arbeit im preußischen Staate. Er schätzte den Gesammtertrag auf 40 Millionen Thaler, überwies davon mit genauer einzelner Angabe mehr als fünfunddreißig Millionen an den Ertrag der Fabriken, und weniger als fünf Millionen an den des Ackerbaues. Mithin hatte, da die Bevölkerung des preußischen Staates etwa fünf Millionen Menschen betrug, gemäß der Folgerung aus den Tabellen von Herzberg, der einzelne Mensch im preußischen Staate jährlich für einen Thaler Brot zu verzehren. Der König zog nicht diese Folgerung, die ihm auf einmal die völlige Unwahrheit dieses Tabellensystemes von Herzberg erschlossen hätte. Er hielt die Tabellen für wahr, und seine Maßregeln waren nach dieser Anschauung bemessen.

Ich habe nachdrücklich und wiederholt auf diesen Grundirrthum hingewiesen (S. 167 f., S. 313, S. 344). Ich habe ferner dargethan, daß dieselbe Täuschung des Königs stattfand in dem Colonistenwesen (S. 461 f.).

Warum doch, geehrter Herr, haben Sie aller dieser Dinge mit keinem Worte gedacht? — Ihre Besprechung meines Buches läßt in dem Leser derselben den Eindruck zurück, als hätte ich blindlings angeklagt, ohne mich um Beweise zu kümmern. Und doch glaube ich kein Wort ohne Beweis gesagt zu haben.

Allein Sie begeben Sich lieber auf das politische Feld. Sie sagen von mir: „Während gegen Friedrich die doppelte Anklage erhoben wird,

Deutschland erst den Franzosen, dann den Russen preisgegeben zu haben, erntet der Schöpfer der Versailler Allianz, der Fürst Kaunitz, das Lob, die wahrhaft national=deutsche Politik vertreten zu haben." (S. 338.)

Sie thun mir Unrecht. Sie bringen Dinge zusammen, die nicht zusammen gehören. Ich habe dem Fürsten Kaunitz nicht als dem Schöpfer der Versailler Allianz das Lob einer wahrhaft national=deutschen Politik zuerkannt. Meine Worte (S. 294 meines Buches) sind folgende: „Im Jahre 1770 fand die Zusammenkunft der beiden Fürsten — des Kaisers Josef II. und Friedrichs II. — zu Neustadt in Mähren statt, bei welcher auch Kaunitz zugegen war. Dieser Staatsmann schilderte lebhaft die Gefahr, welche aus dem Übergewichte Rußlands für Europa zu erwarten sei, und wandte alles an, um den König zu überzeugen, daß nur eine enge Verbindung zwischen Oestreich und Preußen diese drohende Gefahr abzuwenden vermöge. Wir sehen, wie dieser kaiserliche Minister die wahrhaft national=deutsche Politik vertrat."

So sind meine Worte. Sie sehen, daß der Sinn derselben ein anderer ist, als wie Sie ihn verstanden haben.

Sie häufen diese Anführungen (S. 338 f.), geehrter Herr, theils in etwas anderem Sinne, als meine Worte gesagt sind, theils indem Sie anzuführen vergessen, daß meine Beweise den Urtheilen sofort folgen oder der Regel nach ihnen vorangehen. Ich werde noch einige Beispiele davon hervorheben. Sie äußern bereits früher (S. 331 der Jahrbücher) Ihre Unzufriedenheit darüber, daß ich das Wort des Königs Friedrich von der nation prussienne verneine. Ich habe gesagt (S. 99 meines Buches): „Der König Friedrich redet nicht bloß von einem preußischen Staate, sondern auch von einer nation prussienne. Das Wort ist ein Unding, heute wie damals, und war der Natur der Sache nach nur berechnet auf halb wissende, aber tonangebende Franzosen." — Und was machen Sie nun daraus, geehrter Herr? — Sie sagen: „Er mag sich darüber ärgern, wenn Friedrich den Ausdruck nation prussienne gebraucht; er mag sagen, das sei ein Unding heute wie damals; er mag ihm ein halb dutzendmal die nation prussienne verdrießlich aufmutzen: die Thatsache bleibt darum doch bestehen, heute wie damals, daß es einen Staat und ein Volk der Art gibt, heute wie damals. Ein Geschichtschreiber aber hat, nach unserer Meinung, die Thatsachen darzustellen und zu erklären, statt sich ärgerlich gegen sie aufzulehnen; ist es ihm unmöglich, ein Factum unbefangen und ohne persönlichen Groll zu betrachten, dann sollte er die Hand ganz davon lassen."

Also reden Sie. Aber, geehrter Herr, meine Worte sind gar nicht ärgerlich, sondern verneinen ruhig die Thatsache einer nation prussienne. Behaupten Sie denn, daß eine solche bestehe? — Das ja ist die Frage, auf die Sie hätten eine Antwort geben müssen, wenn Sie mich bestreiten wollten. Indem Sie aber vergessen, daß meine Worte gegen den Ausdruck der nation prussienne gerichtet sind, indem Sie thun, als seien meine Worte gegen den Bestand eines preußischen Staates und Volkes gerichtet, wenden Sie die Sache auf ein anderes Gebiet. Warum doch thun Sie das? —

Sie sagen ferner (S. 338 f.): „Wenn Friedrich das russische Bündnis suchte und zu erhalten strebte: so wird er darum geschmähet und von ihm gesagt: er sei in demüthig flehender Stellung vor der Czarin bis an sein Lebensende beharrt."

Ich habe, geehrter Herr, über dies Verhältnis nur solcher Ausdrücke mich bedient, die entweder Friedrich II. selbst oder Dohm gebrauchen. Dohm sagt z. B.: „Die Schmeicheleien, mit denen der König die Bundesgenossin bei guter Laune zu erhalten suchte, waren nicht immer eines Friedrich würdig." Friedrich selbst gebraucht das Wort Demüthigung über sich in dem Briefe, in welchem er mit leicht erkennbarem Ingrimm dem Bruder Heinrich sein Verhältnis zu Katharina II. schildert.*) Den Ausdrücken, die dort der König über das Machtverhältnis gebrauchte, stehen die meinigen weit nach. Indem ich ferner andere thatsächliche Verhältnisse (S. 348 und ferner) schildere, die doch wahrlich wohl geeignet sind, einem deutschen Manne das Blut in Wallung zu bringen, habe ich mich scharf und genau an die Worte des Königs Friedrich selbst gehalten.

Sie aber, geehrter Herr, sagen, Friedrich würde von mir geschmäht. Wozu das Wort, da ich Ihnen kein Recht dazu gegeben? Ich habe, wenn ich auch in Thatsachen den König Friedrich hart anklage, niemals ein Wort gebraucht, welches nicht dem Ernste der Wissenschaft entspräche. Meine Worte übertreffen niemals die Thatsachen. Das ist eine Anerkennung, geehrter Herr, die ich bei aller Grundverschiedenheit unserer Ansichten von Ihnen fordere. Welche Worte Sie gegen mich persönlich gebrauchen, ist mir insofern gleichgültig, als nicht ich dafür verantwortlich bin; allein Sie haben nicht das Recht, öffentlich mir beizumessen, daß ich eines Wortes mich bedient hätte, das ich nicht bewiesen, oder um Ihnen alles Mögliche von meiner Seite einzuräumen, zu beweisen gesucht hätte. Sie haben in keiner Weise das Recht zu sagen, daß ich durch die Kraft meiner Ausdrücke der inneren Stärke meiner Beweise nachzuhelfen gesucht hätte. Ich habe nicht geschmähet.

---

*) Oeuv. XXVI. 501.

Über meine ausführliche Erörterung des Verhältnisses von Friedrich II. zu Religion und Kirche gleiten Sie, geehrter Herr, noch leichter hinweg, als über diejenige seines Verhältnisses zu Ackerbau, Gewerbe und Handel. Es geschieht mit den Worten (S. 339): „Dem versteinerten Vorurtheile, daß Friedrich II. tolerant gewesen, sucht Herr Klopp nach Kräften zu begegnen." Ich glaube allerdings, daß meine Untersuchung über das Wesen des Façon-Glaubens, den der König proklamirte, und sein Verhalten zu diesem seinem eigenen Satze wohl Manchem etwas unbequem gewesen sein mag.

Besser gegründet scheint Ihre Erwiederung auf meine Anklage, daß Friedrich von Grunde seines Wesens kein Deutscher war. Sie führen nämlich eine Anzahl von Stellen an, in welchen Friedrich die Deutschen in sittlicher Beziehung über die Franzosen stellt, in welchen er ferner die Gründlichkeit ihrer Wissenschaft gegenüber derjenigen der Franzosen hervorhebt. Die Stellen sind unbezweifelt. Sie fügen dann hinzu: „Wir sollten denken, solche und ähnliche Stellen sollten doch nicht unerwähnt bleiben, wenn es sich um das Verhältnis Friedrichs zu seiner Nation und zu den Fremden handelt. Aber freilich, solche Stellen passen nicht zu dem Zerrbilde des Herrn Klopp: darum läßt er sie lieber weg."

Also Ihre Worte, geehrter Herr, und Sie haben damit nach Ihrer Meinung sicherlich etwas Rechtes ausgerichtet. Gestatten Sie mir indessen eine Antwort. Ich habe an verschiedenen Stellen nachgewiesen, daß Friedrich II. manchmal Worte ausgesprochen, die mit seiner Handlungsweise wenig stimmten. Denken Sie daran, daß sein Antimachiavelli im Jahre 1740 erschien. Denken Sie daran, daß er in demselben die Worte ausspricht: „In früheren Zeiten zog man den traurigen Ruhm der Eroberer, die glänzenden Thaten, welche durch ihre Größe einen gewissen Respekt einflößen, der Sanftmuth, der Billigkeit und aller Tugend vor. In unseren Tagen sehe ich, daß man die Menschlichkeit höher preist, als alle Thaten eines Eroberers. Man begeht nicht mehr den Unsinn — also sagt der König Friedrich II. von Preußen — durch Lobreden die grausamen Leidenschaften zu ermuthigen, welche den Umsturz geordneter Zustände bezwecken. Ich frage: was kann einen Menschen dahin bringen, seine Macht vergrößern zu wollen? Was für Ansprüche hat er, kraft deren er seine Macht bauen will auf das Elend und die Zerstörung anderer Menschen? Wie kann er glauben, daß er sich bereichert machen will, indem er Unglück über seine Mitmenschen bringt? Die neuen Eroberungen eines Souveräns machen die Staaten, die er vorher besaß, nicht reicher, nicht wohlhabender. Seine Völker haben davon keinen

Nutzen. Wenn er glaubt, daß er selbst dadurch glücklicher werde, täuscht er sich sehr; denn nicht die Größe des Landes, welches ein Fürst beherrscht, verschafft ihm wahren Ruhm, nicht einige Quadratmeilen Landes mehr dienen zu seiner Herrlichkeit."

Also Friedrich II. Während die erstaunte Welt solche Worte des jungen Fürsten las, der eben die Krone erfaßte, bereitete Friedrich im Stillen alles vor, um sich erobernd auf Schlesien zu stürzen, wo Niemand dessen sich versah.

Ich wähle ein anderes Beispiel, wo bei dem Könige Friedrich II. Worte und Thaten nicht völlig übereinstimmten. Er hat seinen Eifer für das Schulwesen in den nachdrücklichsten Worten ausgesprochen: „Keine Sorgfalt," sagt er, „ist eines Gesetzgebers würdiger, als diejenige für die Erziehung der Jugend." Er spricht solche Gedanken nicht ein Mal aus, sondern oft. „Je älter man wird," schreibt er dem Franzosen d'Alembert im Jahre 1772, „desto mehr erwägt man den Nachtheil, den die vernachlässigte Erziehung der Jugend der menschlichen Gesellschaft zufügt. Ich wende alle meine Kräfte an, diesem Mißbrauche möglichst abzuhelfen. Ich verbessere die Bürgerschulen, die Universitäten und sogar die Dorfschulen; aber es gehören dreißig Jahre dazu, um die Früchte zu sehen. Ich werde sie nicht genießen. Allein ich werde mich damit trösten, daß ich meinem Vaterlande diesen noch mangelnden Vorzug verschafft habe." Nach solchen Worten an den Franzosen d'Alembert, der nicht unterließ, dieselben weiter auszubreiten, darf man etwas erwarten. Hören wir, was geschah. „Der größte Vorwurf," sagt Dohm*), „der dem Könige Friedrich in Absicht der sittlichen Bildung seines Volkes gemacht werden muß, ist unstreitig der, daß er für die Erziehung der Jugend so wenig gethan hat."

Ähnlich, wie mit Friedrichs Worten über die Eroberer und mit seinen Thaten, ähnlich ferner, wie mit seinen Worten über das Schulwesen und mit seinen Thaten dafür, ähnlich verhält es sich auch mit seinen Worten über die geistige Befähigung der Deutschen und dem, was er für dieselbe that. Er hat die deutsche Befähigung zum Geistesleben, wie Sie durch Ihre Citate darthun, öfters anerkannt; aber diese Anerkennung blieb in Worten beschlossen. Es wäre eine würdige Aufgabe für Sie, geehrter Herr, nachzuweisen, daß diesen Worten auch Thaten entsprechen. Allein einstweilen noch haben Sie diese Aufgabe nicht gelöst, und bis dieses geschieht, werde ich festhalten an meiner Ansicht, daß nichts geschah.

---
*) Dohm: Denkwürdigkeiten Bd. IV. S. 489.

Sie werden mir nun vielleicht erwiedern, daß ich dessen ungeachtet der Vollständigkeit wegen auf solche Aussprüche hätte einige Rücksicht nehmen, dieselben anführen müssen. Aber ich bitte Sie, geehrter Herr, wie kommen Sie überhaupt zu dem ganzen Vorwurfe? — An eben derselben Stelle (S. 451), aus welcher Sie die Vorwürfe gegen mich entnehmen, habe ich dargethan, daß der König gegen das Ende seines Lebens sich nicht mehr gegen die nationalen Ideen verschloß. Es heißt dort: „Er forscht nach den Ursachen, wegen deren die Deutschen literarisch zurückgeblieben seien. Er findet als wesentliches Hindernis den Krieg, und es entfährt ihm das für ihn bedeutungsvolle Wort: deshalb muß man nicht der geistigen Befähigung der Nation das zuschreiben." — „Ja, er erkennt nun sogar an: der nationale Geschmack ist so entschieden für alles, was unser Vaterland verherrlichen kann, daß augenscheinlich auch uns einmal die Musen in den Tempel des Ruhmes einführen werden. Doch erörtert er die Hindernisse. Sie sind ihm der Mangel des Ausdrucks, der Mangel an guten Studien. Um den Vorwurf der Pedanterie zu vermeiden, sagt Friedrich, lernt man die alten Sprachen nicht mehr. Die Jugend lernt nicht mehr griechisch, und wenige lernen ordentlich latein."

Ich habe diese Worte angeführt für den König. Die Anerkennung, welche diese seine Worte bei Männern der Wissenschaft finden würde, verstand sich nach meiner Ansicht so ganz von selbst, daß ich dachte: es hieße Eulen nach Athen tragen, wenn ich hier loben wollte. Die Anführung der Worte selbst ist Lob.

Dann tadelt der König Shakespeare und Göthe. „Sie sehen in unserem Theater", sagt er zu Herzberg, „als Beweis des geringen Geschmackes die abscheulichen Stücke von Shakespeare in unsere Sprache übersetzt, und das ganze Auditorium ist außer sich vor Freude beim Anhören dieser lächerlichen Possen, die der Wilden von Canada würdig sind. Immerhin kann man es Shakespeare verzeihen; denn der Anfang der Kunst ist nicht ihre Vollendung. Aber da ist nun gar ein Götz von Berlichingen auf der Scene, eine abscheuliche Nachahmung der schlechten englischen Stücke, und das Parterre klatscht Beifall und fordert mit Begeisterung die Wiederholung dieser ekelhaften Plattheiten." So der König. Ich führe diese Worte nicht an, um ihn abermals zu tadeln, sondern um mir den Weg zu bahnen zu den folgenden Worten, die Sie bei Ihrer Besprechung meines Buches ganz übersehen haben müssen, und die ich Ihnen darum hier wiederhole. Sie lauten (S. 452): „Und bei alledem übt auf diesen tadelnden König die geistige Regsamkeit, welche immer stärker die Nation zu durchzucken begann, ihre unausbleibliche Wirkung, bis der Tadler zum

Propheten wird. Übrigens, sagt er, übertreffen diejenigen, welche zuletzt kommen, manchmal ihre Vorgänger. Das kann uns eher widerfahren, als man es glaubt, wenn die Souveräne Geschmack haben für die Wissenschaft, wenn sie diejenigen ermuthigen, die ihnen sich widmen, diejenigen loben und belohnen, welche Erfolg darin haben. Wenn wir unsere Medicis haben: so werden wir Talente aufsprossen sehen. Auguste machen Virgile. Wir werden unsere Classiker haben. Ein Jeder wird sie lesen wollen. Unsere Nachbarn werden deutsch lernen. Die Höfe werden es mit Vergnügen sprechen, und es kann geschehen, daß sich unsere gebildete und vervollkommnete Sprache vermöge unserer guten Schriftsteller von einem Ende Europas bis zum anderen ausbreitet. Diese schönen Tage unserer Literatur sind noch nicht gekommen; aber sie nahen heran. Ich kündige sie an. Sie werden erscheinen. Ich werde sie nicht mehr sehen. Mein Alter untersagt mir diese Hoffnung. Ich bin wie Moses. Ich sehe das gelobte Land; aber ich werde nicht hineinkommen."

Fasse ich nun noch einmal das über diesen Punkt Gesagte zusammen. Es kam darauf an, geehrter Herr, Ihnen zu zeigen, daß Sie Unrecht hatten mit dem Vorwurfe: ich erwähne keiner Aussprüche des Königs zu Gunsten der Deutschen im Vergleiche mit den Fremden. Indem ich nochmals hervorhebe, daß Friedrich für die geistige Thätigkeit der Deutschen nur Worte und nicht Thaten der Anerkennung hatte, glaube ich sagen zu dürfen, daß, wenn ich auch nicht gerade die Worte angeführt, welche Sie hervorgehoben, doch die von mir angeführten mindestens ebenso inhaltreich sind, wie die Ihrigen. Und es kam überhaupt nur auf den Gedanken der Anerkennung an, nicht auf jedes einzelne Wort.

Sie fahren fort (S. 340): „Doch für Herrn Klopp sind keine Helden geboren. Er schließt sein Libell, wie er es beginnt. Von Friedrichs letzten Tagen weiß er nichts zu berichten, als daß derselbe unmäßig war im Essen." — Ich muß Ihnen erwiedern, geehrter Herr, daß ich die öde Zerrissenheit dieses Lebens in den letzten Jahren des Königs ausführlich genug geschildert. Können Sie behaupten, daß es anders war? — Warum denn haben Sie die Lichtblicke, die dasselbe erhellten, zur Antwort nicht auch mitgetheilt? — Der König weilte einsam, öde, freundlos, zerrissen in sich selber auf der Höhe von Sanssouci. Verneinen Sie es, wenn Sie es können. Ich habe von der Unmäßigkeit des Königs gesprochen. Bezweifeln Sie dieselbe, so bitte ich Sie nachzulesen, was der Arzt Zimmermann, wahrlich kein Gegner Friedrichs, darüber berichtet.[*] Warum doch, geehrter Herr, machen Sie mir zum Vorwurfe, daß ich Dinge er-

---

[*] Zimmermann: Fragmente, Bd. III. S. 91 f.

wähne, die unzweifelhafte Thatsachen sind, und die auf das Verhalten des Königs in jeder Beziehung den nachdrücklichsten Einfluß üben mußten? —

Ist ferner sein Tod ein anderer gewesen, als wie ich ihn berichtet? Friedrich starb einsam und verlassen von Allen, die durch die Bande des Blutes ihm näher hätten stehen sollen. Weder sein Neffe und Nachfolger, noch der Prinz Heinrich, sein Bruder, haben in besonderer Liebe auch später seiner gedacht. Ich habe ferner darzuthun mich bemüht, daß auch bei Friedrichs Unterthanen die Trauer über seinen Tod nicht groß war. Ich habe sehr nachdrückliche, sehr gewichtige Zeugnisse der Mitlebenden in dieser Beziehung angeführt. Warum haben Sie das Alles keines Wortes der Widerlegung gewürdigt? —

Ich blicke zurück, geehrter Herr. Ich habe der Reihe nach Ihre Ausstellungen an meinem Buche beantwortet, so viel ich weiß, ohne Ausnahme. Sie haben zu Anfang Ihres Aufsatzes versprochen, mich bei meiner Arbeit eingehend zu begleiten. Sie haben dies Versprechen nicht ganz nach Wunsch gehalten. Sie haben sehr wesentliche Punkte meines Buches wenig berührt. Sie haben dennoch Manches getadelt. Ihr Tadel hat, wie Sie sehen, nicht getroffen. Sie werden sogar genöthigt sein, einen recht bedeutenden Theil desselben wieder an Sich zu nehmen. Dagegen haben Sie, allerdings ohne Ihren Willen, mir eine bedeutende Freude gemacht. So viel ich weiß, wird Ihr Aufsatz von Ihrer Partei für das Nachdrücklichste gehalten, was gegen mein Buch gesagt sei. Da nun dies Nachdrücklichste bei näherer Besichtigung so sehr zerrinnt und schwindet: so darf ich Ihnen mein Urtheil dahin aussprechen, daß Ihre Besprechung mich in meinen Ansichten wesentlich gefestigt hat.

Nur wollen Sie dies von der rechten Seite auffassen. Ich wiederhole Ihnen, was Sie auch gar nicht widerlegt haben, daß ich nicht prinzipiell für Oestreich, nicht prinzipiell gegen Preußen geschrieben habe, sondern prinzipiell für die deutsche Nation. Mein politischer Wunsch — denn nur von Wünschen kann ja die Rede sein — ist der, daß die deutsche Nation gesichert und geschützt bleibe. Der Dualismus der Macht der beiden Großstaaten kann diesen Schutz und diese Sicherheit gefährden, wie ja die traurige Zeit von 1795—1813 in blutiger Schrift uns lehrt. Aber der Dualismus ist da: er kann nicht mehr ungeschehen gemacht werden. Das einzige Mittel ist jetzt Einigkeit des Strebens der beiden Großmächte mit den kleineren Staaten, und zwar von dem Standpunkte aus der gegenseitigen Gewährleistung des Besitzes, von demjenigen der Achtung der Rechte aller Anderen. Eine solche Achtung der Rechte aller Anderen schließt in sich den Verzicht auf jegliche Eroberung in Deutschland.

Ich weiß, geehrter Herr, daß dies nicht die Ansicht Ihrer Partei ist. Ihre Partei hat die Rechtfertigung des Strebens Friedrichs II. aufgenommen und mithin auch deren Consequenzen: Erweiterung der preußischen Macht auf Kosten der Nachbaren. In der Leitung des preußischen Staates dagegen macht sich nach Friedrich II. eine doppelte Richtung geltend. Nach Friedrich II. ist die alte Tradition seines Hauses, die mit Friedrich Wilhelm I. für ein halbes Jahrhundert zu Grabe ging, wieder aufgelebt. Daneben läuft die andere, welche durch Friedrich II. persönlich und nur durch ihn persönlich ins Leben trat, die Richtung, welche ihre literarische Vertretung in Ihrer Partei findet. Diese Richtung zieht die Entfremdung von Oestreich theils mit Absicht, theils als unvermeidliche Folge nach sich. Diese Richtung hatte von 1795—1806 in Preußen das Übergewicht, und daher entsprangen die unsagbaren Calamitäten unserer Nation. Die Richtung erreichte ihren Gipfel im Frühlinge 1806, in der rechtlosen Besitzergreifung von Hannover, welches der fremde Eroberer als Lockspeise anbot. Einige Monate darauf folgte Jena.

Wenn es je wieder dahin käme, was Gott in Gnaden verhüten wolle, daß die Richtung Ihrer Partei in der Leitung des preußischen Staates die Oberhand gewönne: so würden den Deutschen ähnliche Schicksale beschieden sein, wie damals, wenn vielleicht auch in anderer Form, zunächst in der Form eines inneren Krieges in Deutschland. Und dieser innere Krieg würde dann nach üblicher Weise unseren lauernden Nachbaren zu gute kommen.

Ich sage nicht, geehrter Herr, daß ein solcher innerer Krieg Ihre Absicht und diejenige Ihrer Partei sei. Es gibt sicherlich Manche unter derselben, die da meinen: Anfangen und Ausführen würde eins sein. Sie dürften sich irren. Ich spreche nur meine Überzeugung dahin aus, daß der innere Krieg der Erfolg sein würde. Und weil ich diese Überzeugung hege, thue ich, so viel ich als Schriftsteller vermag, um die Gefahr des Strebens Ihrer Partei für uns Alle klar zu machen. Ihre Partei spielt mit Feuer. Ist sie sicher, daß dasselbe nur Andere verzehren werde und nicht auch sie selber mit? —

Gestatten Sie mir, auf einige Worte von Mirabeau von 1790 mich zu beziehen. „Frankreich," sagt Mirabeau, „darf keine Furcht haben vor Oestreich, so lange ein Preußen da ist, und noch weniger Preußen, so lange es mit Frankreich hält. Auch beide deutsche Mächte zusammen können für Frankreich nicht gefährlich werden, weil der Krieg von zwei Mächten gegen eine dritte immer sehr lau geführt wird. Aber Frankreich hat die Einigung Deutschlands unter Oestreich zu fürchten. Die Möglichkeit derselben hangt allein ab von dem Grabe der Macht des Hauses Brandenburg. Wenn dieses einen Augenblick das künstliche Gleichgewicht verliert, welches es durch eine überlegene Klugheit sich zu verschaffen gewußt hat: so wird der Kaiser das herrschende Oberhaupt von Deutschland. Darum ist es das Interesse Frankreichs, das Haus Brandenburg zu halten, ja es noch zu vergrößern. Die preußische Monarchie ist das Palladium der deutschen Libertät.

Die Worte sind 1790 geschrieben. Die Verhältnisse haben seitdem sich geändert: an die Stelle des einstigen Reiches ist der Bund getreten. Das deutsche Kaiserthum ist nicht mehr da: die deutschen Fürsten sind souverän. Indessen ist die Änderung nicht eine so gründliche, daß die Ansicht Mirabeau's vom französischen Standpunkte nicht auch heute noch in modificirter Weise zur Anwendung kommen könnte. Sie sehen, geehrter Herr, Mirabeau will vom französischen Standpunkte aus dasselbe, was Sie und Ihre Partei täglich und stündlich vom vermeintlich deutschen Standpunkte aus, wenn nicht erstreben, doch, so viel an Ihnen ist, durch Ihre Worte unvermeidlich herbeiführen: Gegensatz von Preußen gegen Oestreich. Nun läßt Mirabeau, der damals zu den Preußen redete, klüglicher Weise einen Fall bei seiner Besprechung aus, nämlich den Fall eines Conflictes zwischen Frankreich und Preußen, ohne Zuthun Oestreichs. Auch lag ja für Mirabeau, der immerhin vielleicht mit einer gewissen Ehrlichkeit von der Vergrößerung Preußens reden mochte, die Erfahrung, welche Consequenzen ein Geschenk aus der Hand eines Napoleoniden habe, damals noch nicht vor. Aber ein Conflict zwischen Preußen und Frankreich wäre, so wie so, doch möglich. Erwägen Sie diesen Fall, erwägen Sie, ob im Falle eines solchen Conflictes Preußen ohne Oestreich der französischen Macht gewachsen wäre. Es gibt allerdings viele Stimmen aus Ihrer Partei, ähnlich wie im Sommer 1806, die unbedenklich das bejahen. Allein bei aller Anerkennung der preußischen Waffen — und ich nehme als Deutscher keinen Anstand, es offen auszusprechen, daß nach nationaler Anlage und nach der Erfahrung der Geschichte jeder einzelne Deutsche, sei er Preuße, Baier, Hannoveraner oder was sonst, jedem einzelnen Franzosen moralisch und physisch mindestens gewachsen sei — ist Preußen numerisch nur dem halben Frankreich gleich. Dazu kommen eine Reihe natürlicher Nachtheile. Mithin bedarf Preußen der Hülfe. Und diese Hülfe kann es zuverlässig nur finden bei denen, welche die meisten gleichartigen Interessen haben, bei den anderen Deutschen und hauptsächlich bei Oestreich. Darum liegt es jedem deutschen Patrioten nahe, ein inniges Einverständnis zwischen Oestreich und Preußen, und allen anderen deutschen Regierungen zu wünschen, damit durch eine gemeinsame Verständigung der Betheiligten auf gegebener Grundlage die Form des Bundes eine engere und kräftigere werde. Ein solches Einverständnis wird aber nicht gewonnen durch das Loben und Preisen eines Mannes, der den Frieden unserer Nation zerriß, nicht durch das Schüren und Aufreizen einer etwaigen Neigung nach fremdem Besitze, durch die Besorgnis und Unsicherheit, welche die unvermeidliche Folge davon ist, sondern durch Geltendmachung dessen, was zu Rechte besteht.

Und von diesem Standpunkte aus, geehrter Herr, bitte ich Sie noch einmal, reiflicher mein Buch über Friedrich II. zu würdigen. Dasselbe hat, wie sein Schlußwort bezeugt, nicht den Zweck zur Erbitterung zu reizen. Ich beklage den Dualismus, der durch die Eroberung von Schlesien geschaffen ist. Ich habe den Mann, der dieses rein aus sich, nicht aus einem edlen Motive irgend welcher Art, im Widerstreite mit der Tradition seines Hauses vollbracht, zu schildern gesucht, wie er wirklich war. Ich habe gegen ihn und nur gegen ihn, so viel an mir war, die Ideen des Rechtes und der Wahrheit vertreten. Aber mein Buch ist ein geschichtliches, nichts anderes. Die Thatsachen liegen hinter uns, sie sind rechtskräftig geworden. Will man Folgerungen daraus für die Gegenwart ziehen: so möge man es thun, mich aber nicht weiter verantwortlich machen, als für das, was dasteht, und was ich bewiesen habe. Und ich habe es klar und deutlich ausgesprochen: ich wünsche Versöhnung des Dualismus der Macht durch gegenseitige Eintracht der beiden Mächte unter sich und demgemäß mit allen kleineren, die Eintracht, welche unsere deutsche Nation sichern würde gegen jeden Feind. Eine solche Eintracht — ich wiederhole es — ist nur möglich durch Festhalten am gegebenen Rechte, und damit durch den Verzicht auf jegliche Eroberung in Deutschland.